天下文化
BELIEVE IN READING

數位幸福學

5大策略，同時擁有效率和福祉的快意人生

Amy Blankson
艾美・布蘭克森——著
吳書榆——譯

The Future of Happiness

5 Modern Strategies for Balancing Productivity and Well-Being in the Digital Era

目錄

推薦序

過去十年來，我走遍五十餘國，只為了理解幸福和人類潛能之間的關聯性。當時，我發現企業界和學校裡出現一股正面的發展動向，但也觀察到有很多人正在苦苦掙扎。人們罹患憂鬱症的比率高到令人咋舌，孤立疏離的氛圍就像癌細胞般蔓延，不假思索就求醫問藥的行徑四處可見，飲食失調與肥胖問題傷害著莘莘學子，離婚與自殺事件更是屢見不鮮。這些趨勢可以、也必須逆轉，前提是如果我們能找到一個欣欣向榮的社會。

不過，雖然我們的需求迫切，但好像反而失去了人類最重要的幾種能力：讓大腦保持冷靜、集中注意力、搜尋美善的事物、預想更美好的世界，以及設定關係的優先順序。身為觀察趨勢的研究者，我認為，當我們要開始閱讀本書時，必須先問一個最根本的問題：幸福是否有未來？我相信，布蘭克森握有我見過研究最透澈、思慮最周密的答案來回答這個問題，同時回應現代世界裡最重大的挑戰。

我們正在經歷雙重革命。科技革命是每個人都知道的一場變革，帶來了智慧型手機和智慧型手錶。但是，科技革命背後還另有玄機，藏著一場人類本身的革命。有了前述的科技相助，我們得以掀開簾幕窺探，了解當人在建構現實的樣貌時大腦如何運作，而這使得正向心理學、神經科學，以及生物回饋等領域出現重大進展。將這三大領域再結合科技革命，我們正要以有史以來最高的解析度來檢視人類的潛能。

如今我們明白：（一）從科學面來說，幸福是一種選擇，其根基在於我們如何配置自己的心智資源；（二）我們可以看到，幸福會透過社交網絡不斷散播；以及（三）現在我們已有辦法量化幸福，這會為生活的每一個面向帶來極大的好處。而且，當我們不斷成長、努力發揮自己真正的潛能時，科技在這趟旅程中也幫了我們大忙。

如果還有人不知道的話，我特此聲明本書作者艾美．布蘭克森（Amy Blankson）是我妹妹。在我的TED演講中，她更為人所知的名號是「獨角獸」（unicorn）。打從我妹妹出生以來，她一直是我最好的朋友。我們小時候一起打樂樂安全棒球（T-ball；譯註：類似棒球，但球為布製，球棒有泡棉，沒有投手，球於打擊座支架上由打擊手揮棒），我們一起贏得德州辯論賽的州冠軍，我們也一起上哈佛。當她和大名鼎鼎的波波醫師（Dr. Bobo）共結連理、生兒育女時，我也從劍橋搬回了德州，和他們一家人住在同一條街上。也因此，當我想要創業、把幸福的相關研究帶給世人時，我理所當然找來我最好的朋友（與最近的鄰居）當合夥人。

過去十年，艾美幫著我帶領這家公司，到現在我們已經和將近一半的《財星》百大企業（**Fortune 100**）合作過。我們兩人結伴四處出差：與倫敦的建築師合作，共同打造更幸福的城市；前往太空總署（NASA），想辦法應用「幸福」的概念，幫忙把人類推向火星；也去了幾家腦創傷中心，研究如何借重虛擬實境，幫助從戰場上回來的士兵。

我最鍾愛的回憶之一，是和歐普拉（Oprah Winfrey）一起坐在她位於加州蒙特斯托（Montecito）的自家後院，在《超級靈魂星期天》（*Super Soul Sunday*）節目中專為「獨角獸艾美」安排的橋段裡，她用如歌一般的聲音撥打電話，透過麥克風傳送出去，請艾美也來她的花園一聚，因為她想擁抱艾美。之後她邀請艾美私下在她家共進午餐，討論艾美在非洲所做的事。如果你見到艾美（我希望你能見到），你就會知道她為何如此特別：她和善親切又擁有正面能量，再加上經驗與智慧，這是罕有的組合。

有些人的魅力來自於謙遜，艾美便是其中之一。既然她這麼低調，就只好由我替她宣傳了；沒有人比艾美更適合寫這本書。憑著她從哈佛和耶魯拿到的學位、她的仁心及身為非營利組織執行董事的經歷、她身為育有三女的慈愛人母所培養出來的理解，以及她擔任全球最知名正向心理學顧問公司共同創辦人累積出來的知識，艾美掌握最新脈動，把重點放在面對忙碌生活的**你**應該怎麼做，才能善用科技以滿足真正的需求：建立社交上的聯繫、找到意義與創造福祉。

我最欣賞這本書之處，在於書中並未痛責科技的缺失，也沒有過度迷戀。艾美提出迷人的研究論點，闡述人類史上受到最嚴重干擾的我們可以如何從事領導、工作與為人父母。她把幸福、意義與喜悅當成最重要的指標，提出一套更清晰的運算，說明要使用哪些科技、用在何處，以及何時要找出防護網抵擋科技的干擾。

之前我就在想，若能為妹妹寫推薦序，我一定會覺得很驕傲；確實如此，但這並不是我感受最強烈的情緒，我更覺得興奮莫名。我興奮，是因為這本書具備潛力，能讓各位讀者以及你的家人改頭換面。我興奮，是因為在艾美的協助之下，許多規模龐大的企業與勇敢無畏的學校創造了福祉。我興奮，是因為電腦檔案裡的小小文字，最終掀起了巨大的社會變革。

我就大方承認我偏心了。還有，我也可以信心滿滿的說，就幸福與科技的關聯而言，艾美已是全球數一數二的專家。當我們努力確保幸福有著長遠且光明的未來時，她將會和各位肩並肩站在一起，成為這場運動的先鋒部隊。

——尚恩・艾科爾（Shawn Achor），「幸福」議題研究員暨《紐約時報》暢銷書《哈佛最受歡迎的快樂工作學》（*The Happiness Advantage*）作者

導言
現代雜耍人生

科技是人類有史以來干擾幸福最嚴重的因子。

這句話是許多人的結論。事實上，二〇〇五年時，身為科技革命中心點之一的《麻省理工學院科技評論》（*MIT Tech Review*）提出一個問題：「科技進步是否只是無意義的奔跑？若是如此，如果我們停下來，會不會比較幸福？」該文作者指出，阿米許人（Amish）並無汽車及網路等現代科技，然而，他們罹患憂鬱症的比率極低，幸福度很高，而且他們對生活的滿意度堪與「富比士四〇〇」（Forbes 400）美國富豪榜單上名列前茅的人相比擬。[1]

我走訪全球，暢談幸福與科技。事實上，寫到這一段時，我才剛剛結束在德國慕尼黑對一百五十位企業家的演說。演講之前，我先和幾位企業家談論最近的趨勢，其中一位靠過來問我：「社交媒體和科技正在摧毀我們的幸福，對吧？」我很喜歡句尾的「對吧？」這兩個字，聽起來像是唯一可能的結論。但事實並非如此。只有當我們緊抓住正在崩潰的模式不放時，干擾才會造成毀滅。

緬懷智慧型手機出現之前的生活，是很誘人的想法，但事實是，即便在當時，青少年也照樣不理會父母，一天到晚惹麻煩。小孩同樣看太多的電視、吃太少的蔬菜。企業領導者同樣覺得一天二十四小時不夠用。為人父母者同樣心力交瘁地在工作與生活之間尋找平衡。我們面對的這些問題由來已久，但如今因應之道大不相同。我們握有的工具太多（而且大都是數位工具），多到幾乎不可能逐一熟悉、再從中找出最高效者。這些工具範圍甚廣，有高價品也有自家手作，有閃閃發亮的也有單調乏味的，有流線俐落的也有麻煩笨重的。但，這些特色都無法定義出工具的用途。

我是一個研究幸福的人，我笑得太開心時會喜極而泣。我是一名育有三女的內向母親，我的孩子們生長在既單純又混亂的環境中，會在熱鬧的家庭生日派對上為了蛋糕樂翻天。我是印象派的藝術家，但我愛的是數據和試算表。我是自動自發的人，「A型人格」傾向也非常強烈（小時候我會從每星期一美元的零用錢省下三％，捐出來拯救鯨魚，家人常拿這件事開玩笑）。我熱愛科技也崇尚自然，我浪漫也務實。我能一再回味人生中和三個美麗女兒共度的幸福時刻，是因為我記得用手機把這些畫面記錄下來。我錯過了某些和家人相聚時的重要時刻，同樣也是因為當時我忙於使用手機。每個人心裡都收藏著一些美妙的矛盾衝突，使得我們在認知與因應生命中的挑戰時更添複雜。

明白科技必會存在之後，我們需要學習如何與科技的複雜性共存，而不是逃避。我們需要一套使用科技的策略，激發我們的潛能，而不是造成阻礙。本書的重點，便是要找到一套在現代社會中能發揮作用的平衡算式，以決定如何將不斷流動的科技整合納入日常生活，設法增進我們的成就與幸福，而非變成絆腳石。

現代生活好比雜耍，有時候根本是馬戲團等級了。若有哪一本書給出簡單明瞭的答案來解決幸福與科技的關係，在複雜的世界裡並無用武之地。向前看有時候是一種奢侈，而且會在忽然之間變成一種我們再也負擔不起的奢侈，因為，當我們還在等著世界自動靠上來的同時，卻發現自己早已跟不上下一代以及他們的科技了。**若未特意規畫管理，找到真正最有利於生活與事業的科技，我們就會陷入沮喪、遭遇嚴重的挫敗感，以至於無法享受新創帶來的益處**。我們需要一套前瞻思考的策略，想一想心之所願的未來在何方，以及如何利用現有的資源實現預想的願景。

以「誘發電位」為根基的策略

我大概三十年前就為了這本書展開旅程，只是當時我並不明白。我的父親是貝勒大學

（Baylor University）神經科學家，多年來研究認知與誘發電位（evoked potential），亦即，研究大腦如何回應各種不同的刺激。雖然他早已多次把我和哥哥綁在電極儀器上研究我們的腦波（老爸，我可不記得我簽過受試者同意書！），但看到我哥尚恩和我齊力創辦好思維公司（GoodThink）、把正向心理學這門科學帶到其他人的生命中，我父親仍備受衝擊（我在這裡刻意用了雙關語）。我們在二〇〇七年創業，公司的焦點鎖定在善用以研究為基礎的原理與策略來維繫正面心態，協助個人在充滿不確定的時代尋得幸福。我們拜訪超過五十個國家，和任何願意聽我們傳送訊息的人分享這些研究：我們在辛巴威和農民對談，在南非索維托（Soweto）和學童對談，在華爾街和銀行家對談，甚至到白宮和眾領導人對談。然而，慢慢地，我們開始在談話中聽到不一樣的問題。談論不確定世界中經濟是否能健全發展的人少了，我們反而聽到大家對於科技將如何形塑我們及未來世代的生活感到憂心忡忡：

「幸福的水準能跟上創新的速度嗎？」

「少了科技我們會不會更幸福？」

「我們要如何在眾多紛擾中找到幸福？」

「我們如何教導孩子劃出與科技的界線？」

本書內容出自實際生活中的對話。對話者跨越全球，涵蓋不同的經濟體與年齡層。若說上述問題的答案將定義我們這個時代，實不為過。這些問題形成現代家庭的動態，塑造了職場的效率與參與互動，並為現代人我之間的互動與溝通定下基準線。

幸福的未來掌握在你我手中。當我們有意識地去思考何地、何時、為何，以及如何使用科技，就能開始主動影響帶動文化的社交與市場力量，創造出我們真心想要的未來。

平衡人生的願景

光是過去十五年，美國專利商標局（US Patent and Trade Office）核發的專利數目已經倍增，每年的創新項目超過三十二萬六千項。[2]科技在生活當中無孔不入，速度快到我們來不及消化與評估其中的意義。我們費盡氣力想知道哪些進步最有用，尤其是，每天都有一些報導改變我們對科技的看法。比方說，我們都聽過：

- ✓把裝置放到平視的高度，頸子便可以自然伸直。
- ✓每看二十分鐘要休息二十秒，同時遠望至少二十英尺以外的距離（亦即所謂的二〇／

二〇／二〇法則）。

✓每一個半小時要站起來動一動。[3]

✓在短暫休息的期間裡不要分心做別的事，因為你得花十一分鐘才能再度專心，而且回來之後工作的錯誤率可能倍增。

本書的寫作方針，主要探討數位時代如何平衡生產力與福祉。我花了很多時間閱讀有關科技如何導致慢性死亡的文獻（讓我脊椎退化、頭痛、失眠、視力模糊、出現腕隧道症候群等等），但我仍無意將科技摒除在生活之外。純以寫作本書的這段時間來說，我花在電腦上的時間逾五百個小時，也耗費超過八十個小時用手機研究應用程式，並下載與測試幾十種新的應用程式，還因為背痛和頸部痠痛去看了六次脊骨神經醫師。我很清楚這其中的諷刺。我收齊數據資訊，但仍自欺欺人，自以為會是規則中的例外。現在的我可能有點懶散，但我晚一點會去跑一跑，這樣就扯平了，對吧？對吧？！

事實是，我已經養成了選擇性聽話的模式。我知道科技有其利弊，但我厭倦單方說法，因此常左耳進右耳出。我想要的，是一幅周密、經過衡量的願景，描繪未來的均衡人生是什麼模樣。之後，我想知道如何實現。

正因如此，我過去幾年才投身於研究如何在數位時代平衡生產力與福祉。正因如此，我才親自試用多種健身用穿戴裝置、日誌應用程式、冥想計時器，以及姿態訓練裝置，多到連我自己都數不清。正因如此，我才花下大把時間與身在「數位尖端」的企業合作，例如Google、可塑性實驗室（Plasticity Labs）、腦部健康中心（Center for Brain Health）和實現幸福公司（Happify）等運用科技以提升福祉的機構。透過這些經驗，我獲得寶貴的洞見並聽到發人深省的故事，等不及要分享給各位。在本書第一部，我會處理三個最急迫的問題，這也是我最常聽到與幸福未來有關的問題；在第二部，我則會提出提升生產力及福祉、以達最高水準的五大策略；這些都是我向世界各地的專家和創新人士蒐集而來的祕訣。我的目標，是要透過本書激發出新的思維，創造出一種語言，可以用來思考科技和幸福、同時也用來描述這兩者達成高度平衡的未來美好願景。

本書並非科技人專屬

值得一提的是，這不是一本科技人專屬用書。這本書，是寫給所有忙於應付床頭櫃上愈來愈多充電裝置的人；寫給奮力提高生產力，卻發現自己緊盯螢幕好幾個鐘頭、遭致眼睛紅腫與腰痠背痛的高階主管與員工；寫給樂見電子裝置幫助孩子在車子裡或公共場所靜下來，但發現關掉螢幕後必須面對「科技風暴」的所有媽媽；也寫給被自己的數位足跡逼到無路可退，需要巧妙脫身的專業人士。

如果你想跟著我腦子的起承轉合來讀這本書，建議你從頭開始讀到尾。但是，如果你對特定領域感興趣，也歡迎你先看一下目錄，挑出最能引起你共鳴的策略。你很難保持淡定？職場或家中充斥著科技工具讓你深感挫折？你是否正在尋找有趣的新科技以達成健身目標、調整姿勢或更有效管理時間？無論你個人感興趣的是哪一個部分，本書的目標都是要協助你更關注生活中的科技，並能更有意識地主動思考如何在生活中融入（或拋棄）科技，以追求最高的生產力和福祉。

> 在全書中，你會看到標題為「你可以開始身體力行的幸福妙方」的部分，內附實作訣竅，供你將概念落實在日常生活。

第一部

數位時代最迫切的三大問題

大哉問1

我們將何去何從？

光之誘惑

幾千年來，赤蠵龜幼龜仰賴星月映射在海面上的光，孵化後馬上就能找到返回海洋的路。[1]這個神奇的過程運作順暢，但只到最近為止，因為佛羅里達海濱的開發開始改變自然棲地的地貌和光照。在人造光的誤導之下，超過半數的幼龜在生命最初的幾分鐘即朝著城市而去，直接爬向高速公路和自然界的其他掠食者，爬出一條死亡之路，這種瀕臨絕種的動物每晚因此多達幾百隻喪命。為解決這件事，羅德岱堡市（City of Fort Lauderdale）訂出佛羅里達州最嚴格的光照條例，要求晚間九點後禁止人工照明，十四公里長的海濱建築物會因此漆黑一片，[2]但社區以安全和觀光為由打了回票。佛州的《太陽衛報》（*Sun Sentinel*）刊登一篇文章問到：「哪一件事比較嚴重？是讓城市街區基本上陷在黑暗當中，還是任由路燈傷害瀕臨絕種的動物？」緊張不斷升高，直到二〇一一年市面上出現了對赤蠵龜友善的照明設備。這類對赤蠵龜友善的照明是具備成本效益的解決方案，使用琥珀色的光線，光波獨特，赤蠵龜看不見。自此之後，羅德岱堡剛孵化的幼龜遭到誤導迷途的比率便從五成降為零。[3]

因為分心而迷航

一如海龜，手機、平板電腦、筆記型電腦和電視所發出的光束也吸引了我們；當我們失去焦點與方向，身心也跟著迷航。每一天，我們都在科技帶來的價值與付出的健康代價之間不斷拉扯。無可否認，現代人正身處於風起雲湧的數位革命當中，促進生產力、效率及溝通的新型省時科技工具，快速改變日常生活的樣貌。這些工具應有助於提升我們的幸福水準，但實則不然。事實上，數位革命發生的時間點，恰巧也是憂鬱沮喪及整體生活不滿意度達到歷史新高點。

自一九七〇年代個人電腦出現以來，美國的憂鬱症比率提高了十倍。[4]還有，過去三十年，肥胖率（尤其是青少年族群）飆漲四倍（請參見美國疾病管制局〔Centers for Disease Control〕二〇一二年數據）。我丈夫是一名青少年醫學專家，他親眼觀察到這股趨勢：揮舞著各式數位裝置的少男少女趾高氣昂地走進他的辦公室；看螢幕的時間增加了，運動量就減少了，可惜青少年對這種反向關係沒什麼體悟。科技固然為生活帶來諸多優勢，我們卻未完全看透科技對健康與幸福造成的惡性影響。就整個人類史而言，科技參與人類生活的時間極短，以目前的發展來說，我們在生理面／情緒面都還有很多地方需要適應。探討科技焦慮與社交脫節的相關新研究如今已蔚然成形，這正說明了我們退一步認真思考未來何去何從有其道理。年輕一代每天花在手機上的時間平均超過六個小時，基本上使得他們四分之一的生活經驗不同於我們的過去。

當裝置更短小輕薄，就能輕易帶進臥房，也因此干擾了人體的基本功能——睡眠。臨床心理學家阿曼達．嘉寶（Amanda Gamble）指出，很多人開始把電子設備帶上床，比方說把手機當成鬧鐘使用、用平板電腦讀書，或者是用筆記型電腦看電視，如此一來便剝奪了大腦的停工時間，但大腦停工又是睡眠的要件。[5]一如海龜，人的大腦也被螢幕的人造光混淆了，發出信號要我們保持清醒，認為有光就是白天，因而破壞了人體自然的晝夜韻律。大腦會隨之減少分泌有助於調節睡眠的褪黑激素，使得問題更加嚴重。這最不利於仍在發育中的兒童和青少年，因為這種後天養成的相關性讓他們更容易出現焦慮、憂鬱、上癮等心智失調，在生理上也容易出問題，例如糖尿病和失眠。

現在，有九五%的美國人每天花在使用個人數位裝置的時間長達兩小時，甚至更多，一大堆新式的病徵也開始浮現。「傳訊指」（texting thumb）是一種新出現的重複性壓傷，就和腕隧道症候群一樣，其肇因是傳訊息和玩電玩遊戲。此外，七○%的千禧世代自認患有數位性視覺疲勞症候群（symptom of digital eyestrain）。相較之下，嬰兒潮世代的比例為五七%，X世代則為六三%。醫師也提到，有愈來愈多的脊椎和肌肉緊繃都是來自所謂的「傳訊頸」（text neck），該徵狀是過度使用頸部，或是長期以頭部前傾或後傾姿勢查看行動電子裝置所造成的重複性壓迫損傷。[6]一項由艾瑞克・派柏（Erik Pepper）領軍、在舊金山州立大學（San Francisco State University）進行的研究指出，八四%的受試者表示，傳訊時手部與頸部會有些疼痛。[7]此外，受試者也出現其他緊張的症狀，比方說會憋氣，心跳速度也會加快。紐約脊外科與復健醫療（New York Spine Surgery & Rehabilitative Medicine）脊外科主任肯尼斯・漢斯拉吉（Dr. Kenneth Hansraj）醫師解釋，脊椎處於自然的位置時，頭部的重量大約為十到十二磅（四・五到五・四公斤），但是，當頭部往前傾，即便只是微微的十五度，頸部要支撐大概相當二十七磅（約一二・二公斤）的重量；頭部往下彎四十五度角時，頸部則要支撐四十九磅（約二二・二公斤）；前彎到了六十度角時，則變成六十磅（約二七・二公斤）重。漢斯拉吉醫師說：「六十磅重壓在原本只需要支撐十到十二磅重壓力的肌肉和神經上，長期下來，過度的負重會造成嚴重損害。」[8]頸椎間盤承載了額外的重量，導致間盤提早二、三十年退化。在此同時，澳洲脊椎研究基金會（Australian Spinal Research Foundation）前會長詹姆士・卡特醫師（Dr. James Carter）也說，由於頸部不斷地傾斜，「傳訊頸」會導致脊椎側彎四公分。有鑑於學齡兒童脊椎側彎的人數增加五成，前述數據非常發人深省。

生理在因應外部裝置時會出現變化，其意義非常深遠。哈佛教授艾美・寇蒂（Amy Cuddy）甚至發現，弓著身體講電話有損你在職場上展現的自信——縮著身體對背部不好，而且拱背的姿勢會讓你無法暢所欲言、展現果斷。[9]如果情況不變的話，想像一下，再過五十多年，著名的插畫「人類進化示意圖」中的下一個回合將會是什麼模樣——人類將不再是可以挺直走路的物種，而是彎腰駝背、手裡抓著手機而且愁眉苦臉。我們想變成這樣的人嗎？

選擇我們的冒險

科技持續與我們的人生相交，不僅影響健康，也衝擊日常生活。即便科技革命的本意美好，在許多方面卻讓人們更無條理，而且惶惶不安。

現代的軟體和資訊科技專業人士忙到不可開交，因為他們設法要找到更好的方法處理大量數據。千禧世代原本應能與新興科技自在共處，但他們常會發現自己的數位負載過重。為人父母者則為了追蹤子女的線上活動而煩躁不已，同時也為了管理自己在網路上的身分和隱私備感壓力。我們創造出超大量的數據資料，卻不知道如何運用，也不知道它們將流落何方。這些數據大致上和我們的日常生活各不相干，然而，一旦它們現身，形式卻常是讓人驚愕的身分竊盜或法律訴訟。

現代人類進化示意圖，作者凱文・雷內斯（Kevin Renes）／ShutterStock.com。[10]

我不知道各位怎麼想，但人對於科技的依賴有時讓我很難過。當我坐在餐廳裡，環顧四周一起用餐的「家庭」時，感受特別強烈。我對於「一起」的定義很寬鬆，因為實際上的情況是四、五個人在同一張餐桌上吃著各自的晚餐，每一個人都劃出自己的地盤，守住自己的手持電子裝置。最近我聽到一位公共電台（NPR）主持人講一則故事，他說他的孩子畫了一幅全家福，圖中的爸爸手裡拿著iPhone。我參加大型研討會時遇到另一位女士，她開玩笑說她在兒子畫的全家福裡沒有臉孔——她被畫成一部筆記型電腦；看到這幅畫讓她驚醒。我在全美奔走演說時，注意到有很多人帶著螢幕仍亮著的筆記型電腦或手機進場，選擇坐在會議廳的後排（他們可能是要記下我對幸福的看法？我可是樂觀主義者）。科技不斷進步，而人們也毫不猶豫接受這些變化，我很擔心幸福可能被拋在腦後，變得愈來愈不重要。

近年來，科技就像瘋馬一般衝進我們的人生。我們只有兩個選擇：跳上馬背控制馬兒，創造美好人生，或者，任憑這匹馬奔馳（一直到我們發現自己的腳踝居然被套上繩索，一路被馬拉著走）。然而，有些人等跳上馬背後才發現，自己根本不知道這匹野馬要往哪裡去……而且，不用馬鞍騎馬讓人精疲力竭。如今的我們正處在十字路口，而且極度需要馬鞍和轡繩。在生活中，如何讓幸福跟上科技的發展步調？**我們都愛科技的新奇與驚喜，但現在該拿回掌控權，以運用我們內在的速度與力量**。至於被拖著走的人，由於這匹科技野馬全無減速的跡象，這些人只能祈願自己要是能「帶著鞭子套著馬鐙坐在馬鞍上」就好了，任何可以營造出握有掌控力假象的事物都好。此時此刻，我們該選擇自己的冒險：究竟是要成為惶惶不知所措的消費者、任憑科技瘋狂奔馳，還是要成為共同創作者，讓創新與我們的工作、家庭與社群互相交織，藉此掌控未來？

大哉問2

沒了科技，我們會比較好嗎？

站在潘朵拉的盒子面前

還記得我們用掛在牆上的公共電話打電話的「美好往昔」嗎？我最近問我八歲大的女兒什麼叫「撥號音」，她只是呆呆地望著我。現在幾乎每個人（以及每個人的媽媽甚至祖母）都用智慧型手機了，而且大家都預期隨時隨地可以聯絡到別人。如果你不接電話，他們可以、也將會使用其他的溝通方式：留言、簡訊、電子郵件，或者打電話給可能在你附近的人。倘若前述方法全都無效，如果你和他們共用某個帳號的話，他們還有另一種辦法（故作神氣清一下喉嚨）：他們可以呼叫你，宛如你是迷失的歸位信標（我樂見我先生萬分關心我的福祉以及他自身的需求，他要求「吃剩菜還是在外面吃？」這個重要問題必須馬上得到答案）。一遭到呼叫，就會讓你身邊的每一個人注意到：（一）你一直設法在避開某個人，或者（二）你不當地把手機調成震動模式或放錯地方。

對了，有一次我把手機忘在家裡，車子被撞對方還肇事逃逸，而我沒辦法提報這次事故。等我回到家打電話叫警察，他們譴責我沒有留在原地並馬上報警。我縮在一邊，很清楚當時是莫非定律在發威了。**我不是特別迷信的人，但是，我每次要離家時，腦袋裡都會響起一個尖銳的小小聲音：「手機別忘了。如果你沒帶到，就會出事。」**身兼研究人員、演說家與作家於一身的布芮尼．布朗（Brené Brown）會說，這是人類大腦在「排練悲劇」，或者說，大腦先說出最嚴重的後果鍛鍊自己，以因應可能出現的負面結果。某種程度上，人們認為，如果先把壞結果說出來，便可避免不幸。但研究指出，實際上這是一種不利於適應的行為，會強化後天習得的無助感，徒使得負面結果更容易出現。我們不明白生活中的科技為何讓人感到焦慮。**我們生活在一個連結超緊密的大漩渦裡，重點是要有意識地善用科技，才不會對科技上了癮丟不開，擔心要呼吸了、旁邊卻沒有電子脈衝器幫忙。**

機器帶來的幸福

科技發展的範疇，早已不僅限於使人生活更便利，現在，科技已有潛力改變人類的每一個面向，影響我們如何追尋幸福、能活多久，以及如何彼此聯繫。

你可以試著輸入「transhumanism」（超人類主義）搜尋看看。這個詞很花俏，用來描述某些流行文化中最出色電影的故事線，比方說《魔鬼終結者》（*The Terminator*）、《駭客任務》（*The Matrix*）、《人造意識》（*Ex Machina*）和《阿凡達》（*Avatar*）。超人類主義這場運動的目標，在於探索科技創新如何幫助我們超越人類天生的限制，真正變成超人。這類未來主義電影逐漸化為現實，這是令人興奮同時也讓人害怕的發展，而我們現在就位在這股潮流的刀尖浪頭上。

你有沒有夢想過化身成《關鍵報告》（*Minority Report*）裡的湯姆・克魯斯（Tom Cruise），有能力在空氣中的資訊裡穿梭？請準備好迎接光環專案（Project Aura）：這是由Google設計出的一副眼鏡，不但能用來「卸載」記憶供日後取用，也讓使用者可用外語溝通，並以周邊視野來檢視自己身邊有意義的資訊。[1, 2]

你是否曾經想過《機器戰警》（*Robocop*）或《鋼鐵人》（*Iron Man*）有一天成為現實？美

國航太廠商洛克希德馬丁（Lockheed Martin）目前正在測試「人類外骨骼負重系統」（Human Universal Load Carrier, HULC），這是一種供士兵穿戴的外骨骼，有助於士兵長時間負重二〇〇磅（約九十公斤）、同時每小時跑十英里（約十六公里）。《決勝時刻》（*Call of Duty*）等電玩已能讓玩家虛擬體驗這類科技。你可能以為電影《A. I.人工智慧》（*AI*〔*Artificial Intelligence*〕）不過是科幻夢想而已？再想想吧。Google的工程總監雷・庫茲威爾（Ray Kurzweil）最近預測，在二〇三〇年之前，人類會變成混種。這是指，我們將有能力融入科技、強化自我，超越人類先天的限制。[3]他預言，人類的大腦將可透過奈米機器人（這是一種用DNA鏈製成的小型機器人）直接和雲端資料相連，大大增進我們的智慧。還有更嚇人的嗎？庫茲威爾在一九九〇年代曾經針對二〇〇九年做出一四七項預言，其中八六%都實現了。他寫道：「科技是一把雙面刃。火可讓我們保持溫暖並能煮食，但也會把我們的房子燒得一乾二淨。每一種科技自有其光明面和黑暗面。」

我們總揣想著盒子會有什麼禮物，要打開潘朵拉的盒子，總是讓人暈陶陶、興奮莫名。當我們撕開美麗的包裝紙，注視裡面所裝的閃亮、嶄新物品，一開始都是既狂喜又癡迷。亢奮感永遠都能遮去可能的危險。但新鮮感終會褪去，我們也逐漸發現，潘朵拉盒子裡裝的東西本身有其風險。一如流行文化裡的超人類電影，幾乎全由機器主導的未來主義科技裡總有醜陋的一面。這應該讓我們害怕、警覺，或者，至少會讓我們停下來想一想，到底要往哪裡去。

我們正朝著險境走去，未來將能透過聰明藥（提高認知能力的藥丸）、操縱基因與奈米醫學來改造人類的演化。[4]一想到有可能變得更聰明、更強壯與更健康，很難叫人不興奮——畢竟，有誰想見到摯愛的人生病或受苦，或者忘了自己是誰？忽然之間，人類史上第一次，人看來有機會變成**超級**人類。然而，這對社會而言又意味著什麼？還有，這類進步真會讓我們更幸福嗎？[5]

牛津大學學者暨資深研究員教授納耶夫．艾爾—羅德漢（Nayef Al-Rodhan）解釋，人類在基因及神經化學方面，都預設成要感受美好。[6]在〈無可避免的超人類主義？新興的策略性科技如何影響人類未來〉（*Transhumanism? How Emerging Strategic Technologies Will Affect the Future of Humanity*）一文中，艾爾—羅德漢寫出五項帶動人類行為的關鍵因素：權力、利益、愉快、自尊和耐久。任何能強化五種要素其中之一的科技，都很可能受到青睞，因為其瞄準的就是能讓人「覺得美好」的感受。這股力量推著我們一步步變身成超級人類，到那個時候，「人的經驗可透過人工的方式強化或改變……這不是『怎麼做』或『會不會』的問題，而是『何時會發生』，以及『代價是什麼』。」

艾爾—羅德漢勾畫的未來景象，就算還不至於令人膽寒，也是一片淒涼無望，但並非所有未來主義的結果都會威脅到人類本性，事實上，有些甚至是天大的奇蹟。比方說，三十年前，修．赫爾（Hugh Herr）被譽為美國最頂尖的攀岩好手，但是，十七歲時，赫爾和朋友爬上華盛頓山（Mount Washington）一處冰坡時，出現一陣捲走登山客的暴風雪，他們因此誤入歧途，走進偏僻的深洞中。沒穿雪靴走了三天之後，這兩人奇蹟似的獲救，惟嚴重失溫。接下來幾天，赫爾的雙腿膝蓋以下必須截肢，無論是個人或專業而言，此事對於身為攀岩者的赫爾來說都是一記重擊。但是，在意外發生幾個月後，赫爾開始動手，在當地一家機械行用橡膠、金屬、塑膠和木材替自己打造人造腿。令登山同好大為意外的是，他在五個月內就重返華盛頓山，並恢復攀登練習。如今，赫爾已經是麻省理工學院的教職人員，同時身兼生物機電研究群的總監，為殘障運動員設計智慧型義肢。[7]大家都知道，赫爾在辦公室裡喜歡到處開玩笑，他說，每個人都會愈來愈老，只有他的雙腿愈來愈年輕。

人類自我保護的渴望不斷敦促我們發展新科技解決方案，但在此同時，也有很多人思考著，利用金屬植入物與3D列印器官來延長生命的混種人，在生理與精神方面又代表了什麼意義？更長壽會對環境與個人造成哪些衝擊？超人類主義對於人性有何影響？雪梨大學教授拉斐爾．卡爾佛（Rafael Calvo）就寫道：「若一項科技無法增進個人、社會或地球的福祉，應該存在嗎？」[8]無論你是企業主、研究人員、工程師、政府官員，還是平凡老百姓，我們都有責任幫忙找出這個問題的答案，形塑未來的幸福。

擴增心智

科技創新專家梅隆・格里貝茲（Meron Gribetz）最近在發表TED演說（TED Talk）時表示：「如今的電腦令人讚嘆，我們並未認知到這些東西實際上有多棒。」他繼續提到二〇一一年時的一次經驗。當時他和朋友一起去酒吧，但是兩人只能有一搭沒一搭的對話，因為這位朋友忙著收發簡訊。滿懷沮喪的格里貝茲環顧四周，看到房內另一頭有一群青少年圍在一支手機旁邊，大家都很投入，並對著Instagram上的照片一起大笑。[9]他說：「我愈深入思考，愈明白數位資訊顯然並非壞人，讓我和朋友比鄰若天涯以及讓這群孩子們聚在一起的都是資訊，差別在於展現的方式不同。你看，他們都因為同一件事而彼此相連，就像人類的祖先圍著營火說故事、發展他們的社會認知一般。而我認為，這也正是工具的功用。工具應該能延伸我們的身體。我也認為現今的電腦所做的事剛剛好相反。

無論你是要發送電子郵件給太太、編寫交響曲或只是安慰朋友，執行的方式都大同小異。你弓著背窩在方形螢幕前面，與按鍵、選單，以及更多的對話方塊奮戰。我覺得這種方式不對，我認為我們可以開始使用更自然的機器。我們應該使用的機器，要能把我們的所作所為帶回現實世界。我們應該使用的機器，要能利用神經科學拓展人類的感知，而不是與之對抗。」格里貝茲後來成為頭戴式裝置業者Meta公司的創辦人兼執行長，透過使用眼鏡，該公司設計出一種擴增實境（augmented-reality）體驗（你可以想像成3D版本的FaceTime，可以跨越空間和時間共享數位物件），拓展了人性，而不是造成妨礙。

擴增實境不同於利用人工智慧創造想像世界的虛擬實境，前者意在協助人的心智面對現實世界。擴增實境的重點，是把人類的大腦當成最終的處理器，不僅增進你處理環境資訊的數量，也提升資訊品質。裝置（穿戴式、攝取式、可嵌入式）或許可以和人類身體與心智的自然能力相互交織，但目標是要讓這些裝置透明看不見，人不會特別注意到它們改善了空氣品質、視力敏銳度、工作生產力，還有，最重要的，人在奮力發揮潛能、追求幸福之後能感受到的喜悅深度和廣度。

我們需要找到方法，不僅和科技共存，更要與之共榮。

大哉問3

未來的幸福會是什麼模樣？

古希臘人把幸福定義為「努力發揮潛能後感受到的喜悅」。[1]我個人很喜歡這種定義（而且我在整本書中都以此來理解幸福），然而，這個世界自古希臘時代以降已大不相同，所以我們也需要用更微妙的觀點來審視追求幸福的策略。目前市面上有很多討論幸福的書籍，但少有人以當今科技世界獨有的壓力和需求為脈絡，從這裡來檢視幸福。本書首創應用正向心理學領域的原理與研究，幫助數位時代的我們在生產力與幸福之間找到平衡。

我在寫這本書時每個人都跑來警告我：**艾美，不要流於哲學論理。要輕鬆，要實用，不然的話，你會把大家都嚇跑。**但你猜怎麼著？無論如何我都會涉及哲學，因為這就像是小貓弄散毛線球一樣，我發現，追著一個想法打破砂鍋問到底很有趣。而且，好多人都曾想過，生在尚未開啟科技這個潘朵拉盒子之前的往昔比較美好，不是嗎？現在我們打開了，那，有沒有辦法把科技革命再塞回盒子裡然後封起來？不太可能。還有，你可能忘了（要看你聽的是哪一個版本的希臘神話），潘朵拉一開始打開盒子、把邪惡和害處放進這個世界時，最下方還留了一件東西：希望。我真心相信，雖然科技有可能引出人類身上的「邪惡」，但也有潛力拯救我們。我希望，我們能把科技的潘朵拉盒子上下顛倒，搖出足量的希望與幸福，讓人類的未來更美好。

數位時代裡最幸福人士的策略

在我動筆寫本書之前，如果你要我描繪出我認為數位時代裡最幸福的人是什麼模樣，我會描述一個過著苦修生活的人（這是一種嚴格自律並拒絕世間任何愉悅之事的生活方式），居住在偏遠地區，日間冥想，夜裡安睡時不會被任何提醒通知打擾。我真是錯的太離譜了。

之後我有機會訪談許多人，他們來自全球各地，從美國的矽谷核心地區，到堪薩斯州斯莫維爾（Smallville）小鎮的偏遠森林；從位高權重的企業高階主管，到仰賴電子設備熬過每一天的全職母親；從生來就手握iPhone的小孩，到才剛剛開始學用滑鼠的高齡長輩。我從中學到重要的一課：展現最高度的平衡且擁有最大幸福的，可能是其中任何一類人士。他們的科技裝置經驗可能大不相同，但說到底，最能平衡、最滿足且最幸福的人都善用以下五大策略，不只在數位時代活了下來，還活得**很好**：

✓第一，當他們面對會讓人分心的事物時能穩住陣腳。
✓第二，他們利用科技以更深入了解自我。
✓第三，他們知道何時與如何善用科技訓練大腦，以利發揮全部的潛能。
✓第四，他們建構周遭的環境，以營造適合幸福停駐之地。
✓第五，他們主動發揮創意，讓身邊的世界變得豐富。

在本書中，你會看到某些科技業的先驅努力投入數位福祉的最前端：例如麻省理工學院媒體實驗室（MIT Media Lab）的哈維爾．赫南德斯（Javier Hernandez），他正在替自閉症者研究「溝通義肢」；愛動實驗室（iMotion Labs）的丹恩．哈蘭（Dane Hylen），利用臉部分析幫助企業了解客戶；還有實現幸福公司的歐佛．萊德納（Ofer Leidner），他開發出一套架構，把認知性腦部訓練變成遊戲。我們愈來愈需要研究領域與真實生活雙管齊下，從中理解幸福、生產力與成功，從這樣的角度出發，這些開路先鋒踏出的旅程非常重要。我的希望是，本書提到的研究和經驗能對你有所啟發與刺激，讓你更深入了解自己的想法，把這些策略導入你的世界裡，創造更大的幸福，並讓你能和朋友、同事，甚至你的孩子分享這些策略背後的研究，改變我們使用科技的模式（包含使用的時間、地點、原因及方式），以獲得幸福。此時此刻，就該抓住機會的精髓，真正為這個世界創造出不同的局面。這是幸福未來的關鍵時刻。

第二部

平衡生產力與幸福的五大策略

策略1

穩住陣腳——如何集中並有目的地導引你的精力？

「你隨處可見電腦時代的蹤跡，唯獨在生產力統計數據裡付之闕如。」

——諾貝爾經濟學獎得主羅伯特．索洛（Robert Solow）

在我六歲、哥哥八歲時，有一天爸爸參加完一場神經科學研討會後回家，帶了一套電力科學教學用套件給我們。先容我提醒你，這是一份一九八〇年代的套件，**沒有**義務提供適當的年齡分級指引（由於我的孩子目前分別是六歲和八歲，我可以大聲地說，當我要給他們任何類似的潘朵拉盒子——我是說，科學套件——之前，我都會考慮再三）。就像多數孩子一般，我和哥哥都沒興趣閱讀說明手冊（字太小，而且長句子太多），而是直接從盒子裡拿出電線和各種小東西玩了起來。要不了多久，我們就讓燈泡一閃一閃、蜂鳴器響了起來，連氣球也充飽了氣。然後，我哥哥想到一個好主意，要試試看把小鱷魚夾夾在夜燈上會怎樣。他將鱷魚夾夾到夜燈插頭的其中一支金屬腳上，然後小心地把整組插頭插入牆面插座。完全沒事。我們停了下來，一時間不知道接下來該怎麼做。尚恩為了讓夜燈表演，使出最後一擊，把鱷魚夾的另一邊夾到插頭的另一支金屬腳上，然後，對，你猜到了，完成整個迴路之後，我們也看到了該有的反應。房間裡發出很大的「碰」一聲，我哥哥被震到撞上我們的上下舖床，頭髮也直直豎立起來。媽媽在聽到巨響後衝進房裡，質問我們到底發生什麼事。「沒事啦！」我們異口同聲並微笑地說。但燒黑的牆面冒著煙，在我們的頭上揮之不去。我們可是學到教訓了。

我很高興我是在充滿科技的環境下成長。科技很迷人、很有用也很有趣，但同樣的，科技威力無窮、讓人分心，而且可能很危險。就像我和尚恩從實驗中學到的，一條兩腳的插頭電線可以導引出大量的電流，也足以引起火災。在下一節中，我要探討讓人分心的數位事物如何影響我們的幸福，並提出幾種方法讓你發展出「第三支插座腳」，幫助你在瞬息萬變的世界裡掌握你的精力能量。

挑戰：面對讓人分心的數位事物與癮頭，順利安度

要是我請你給我一個與「科技癮頭」有關的詞，我話還沒講完，你很可能就已經說出「青少年」三個字。你的刻板印象其實有憑有據：常識媒體（Common Sense media）二〇一六年針對一千兩百名青少年及其家長做了一項調查，其中五〇％的青少年自認對行動裝置上了癮。[1] 但是，青少年並非唯一的問題。在同一項調查中，二七％的父母也覺得自己上癮了。有七七％的家長認為自家的青少年因為電子裝置而分心，導致大家聚在一起時個個心不在焉，四一％的青少年則對父母有同樣的看法。賓果！該調查繼續指出，四八％的父母覺得他們必須立即回覆電子郵件和簡訊，六九％的父母則說他們每小時都會察看裝置。就算你不認為自己也是科技上癮者，我敢打賭你一定認識某個被裝置綁住（無論他是否自願）而苦苦掙扎的人。

在撰寫本節內文期間，有一天我進辦公室時注意到一件事。我轉過頭，發現聖誕樹在角落裡閃爍著。「現在已經是一月中了！」我心想，「我真的應該把樹收起來的；這不過是一分鐘的事。」當我拆好聖誕樹，發現騰出的空間足夠放我已蒙生灰塵的跑步機。「這是起身實踐新年新希望的大好時機！」就在我準備測量空間大小之時，倏然想起我本來應該要專心撰寫……關於讓人分心的事物。唉。撰寫本節的好處，是我從研究當中了解我並不孤單，有幾百萬的成

人都和我一樣容易分心。事實上，成年人在這個步調快速的世界愈來愈容易分心。等等，我又說到哪兒去了？喔，好。在你要維持生產力並穩住腳步時，最大的敵人是什麼？分心。

飛向宇宙，浩瀚無垠

有時候，讓人分心的事物甚至就內建在娛樂當中。比方說，迪士尼世界（Disney World）裡的玩具總動員（Toy Story）之旅便是絕佳範例，說明在步調快速的世界裡分心是什麼意思。在這趟旅程中你要坐進一輛旋轉車，上面架有玩具雷射槍，同隊每個人都有一把。旅程一展開，視線所及每一處都會出現閃閃發光的目標。你設法瞄準目標，但只要周遭出現新的目標，移動中的旋轉車又會轉往新的方向。這個遊戲的挑戰是，坐在旋轉車中面對這麼多的目標，要能精準瞄準簡直難如登天。

科技就好像是上述這趟旅程，令人目眩神迷：光鮮、誘人又有趣，讓你幾乎忘了旅程的目的不過是為了放輕鬆，好好享受。人的大腦早已設定成自動導航、自動聚焦的模式，以應付令人目不暇給的眾多目標，問題是，我們沒有願景，不知如何將科技融入生活，所以不斷覺得自己是這場變化多端賽局裡的小卒，轉來轉去。我們踏上一條快速道路，腳不停歇向前衝，卻不知道目的地在哪裡。如果我們希望像巴斯光年一樣「飛向宇宙，浩瀚無垠」，就要想辦法在穩住陣腳的前提下與科技互動，讓心中的目的成為星空中的一道光，為我們指引前路。

分心事物如何影響專注力

二〇一三年，美國國家生物技術資訊中心（National Center for Biotechnology Information）指出，人類能集中注意力的平均時間已減少至短短八秒（二〇〇〇年時為十二秒）；在此同時，金魚能集中注意力的平均時間為九秒。這或許是則讓人嚇一跳的趣聞妙事，但你可能還沒讀完下一段就已轉頭去想別的事，並忘了上述資訊。

這有什麼重要的？喬治梅森大學（George Mason University）博士生賽路斯·福魯吉（Cyrus Foroughi）指出，分心一分鐘就足以消除短期記憶。[2]現實世界裡多數的干擾會持續十到十五分鐘，這很麻煩，因為短至二·八秒的打擾（這是讀完一則短訊的時間）就會導致簡單的排序工作錯誤率提高兩倍，四·四秒的打擾（比方說發送簡訊）會導致錯誤率提高三倍；如果你習慣一邊傳訊一邊開車，這會是很嚴重的問題。[3]我們現代的工作都是「中斷驅動」（interrupt-driven）模式（譯註：借用電腦作業系統術語，指若不需要提供服務或回應使用者，則作業系統就不動，等到事件發生才動作），讓人分心的事物不僅有礙工作，有時候，甚至決定了成敗。[4]而且，在醫學或工程等眾多專業中，錯誤率高兩倍或三倍可能會危及生命。

百餘年前就已經出現專門研究干擾的科學，當時研究人員不再鑽研工業革命中如輸送帶等節省勞力的裝置，改為研究科技革命中如資料輸入等節省心力的裝置。心理學家開始檢視干擾如何影響電報操作員的工作；這一群人必須快速交付具時效性的資訊。結果發現，有人和操作員講話時他們會犯下較多錯誤，因為他們的大腦必須在工作和對話之間「轉換頻道」。干擾當然無法避免，但研究人員發現，操作員受到干擾的方式更是重點。美國太空總署（NASA）從其太空人計畫當中也學到了一課：如果干擾太高調，會使得一邊在做實驗、一邊監控潛在致命錯誤的太空人分神；如果干擾不太引人注目，很可能沒有人注意，因此衍生出更多問題。因此，一九八九年時，太空總署聘用研究人員瑪麗・切爾文斯基（Mary Czerwinski）設計出「完美的干擾」，協助忙碌的太空人在太空裡溝通。她知道透過聲音可能太過惱人，她也明白太空人收到的多數訊息都是以文字和數字為主。要做到「從雜音中區分出訊號」，她使用邊框會隨著問題類型而改變顏色的視覺圖像，後來證明這種做法可以透過最少的干擾達成高效的溝通。

過了大約三十年，如今的我們還在尋覓完美的干擾，差別在於，這一次要處理的訊息源頭是穿戴式裝置（亦即你可以配戴或穿在身上的裝置），例如光環專案、名為「Laster SeeThru」

的虛擬實境眼鏡，或者擴增實境眼鏡「Icis」。[5,6]虛擬眼鏡可以將鏡片的內面充作螢幕，持續呈現外在環境相關的訊息，但方式不見得是「完美的干擾」。[7]你以為目前的科技已經夠讓人分心嗎？那建議你趕緊做好準備，面對完全不同層次的分心狀態：在不太遙遠的未來，雇主或許可以隨時「出現在你面前」，重述緊急訊息或提供最新消息。

分心是一種流行病

琳達．史東（Linda Stone）是軟體界的高階主管，曾在蘋果（Apple）與微軟（Microsoft）任職。她解釋，現代人忙著面面俱到，結果無法專注在任何事上，她把這種現象稱為「連續性局部注意力」（continuous partial attention）。要是我們擁有個人化的太空總署控制中心來捍衛我們的專注力就好了！可惜事與願違，只能任由各種訊息隨意轟炸，發送訊息的人替自己的行為找到理由，認定反正我們可以自選開啟訊息的時間和地點。提醒警示、嘟嘟聲、輕觸及震動等等，都是出於針對資訊效率所做的研究，卻快速成為全球行銷競相使用的工具，變成人們最熟悉的吸引注意力設計。

- ✓六七%的手機機主發現自己不斷檢查有沒有訊息、提醒或來電，就算沒聽到電話鈴響或振動時也照做不誤。[8]
- ✓四四%的手機機主睡覺時會把手機放在床邊，因為他們希望確認夜裡不會漏掉任何來電、簡訊或其他新消息。
- ✓二九%的手機機主說他們的手機很重要，「不敢想像少了它生活會如何」。
- ✓五五%的員工說他們在晚上十一點後還會檢查電子郵件，有六%表示他們自己或配偶在分娩時也在查看電子郵件！[9]

某種程度上，數位干擾落入了海森堡測不準（Heisenbergian uncertainty）陷阱：除非你確實打開來讀，否則的話，你怎麼可能知道哪一封電子郵件或簡訊值得一讀？但開啟並閱讀本身便是一種干擾！一般的手機用戶一天檢查手機超過一百五十次，文職員工每小時檢查電子郵件的次數則達三十次，也就是說，每兩分鐘就查看一次！[10]《紐約時報雜誌》（*New York Times Magazine*）的克萊夫・湯普森（Clive Thompson）寫道：「資訊已經不再是稀有資源，專注力才是。」

葛羅莉亞・瑪克（Gloria Mark）是加州大學爾灣分校（University of California, Irvine）資訊學教授，她很好奇這些令人分心的事物對於真實世界有何意義，於是開始衡量高科技裝置如何影響人類的行為。她自二〇〇四年起研究兩家高科技公司的員工。她說服自家研究生維克・岡薩勒斯（Victor Gonzalez）耗費逾一千個小時窺伺員工，並記錄干擾的次數以及員工心無旁騖的時間。瑪克分析數據後表示，得到的結果「比原先設想的更糟糕」。每位員工平均僅花十一分鐘在目前的任務上，之後又轉頭去處理別的事。每一次員工分了心，平均要花掉**二十五分鐘**才能回來做剛剛的事。

受到瑪克教授啟發，我決定花五分鐘自己做實驗，計算我生活中足以分心的事物，得到的結果如下：出現狗叫、電話聲響、有人送包裹、手機提醒聲響顯示有新消息、路人停下來問一些和無線網路相關的問題、我媽媽打電話來；每五分鐘就會出現六次干擾。這些讓人分心的事物總和效果有多嚴重？我放棄，不再努力專心，因為我覺得媽媽的來電很重要，我會想辦法再回頭來做擱下的事……但要等到之後才做。干擾會讓我們自覺受人渴望、被人需要，這會讓人沉醉且上癮。湯普森繼續說道：「許多干擾之所以無法忽略，是因為這關乎到關係：可能是某個人、某件事在召喚我們。正因如此，現代職場的混亂才讓我們百感交集：工作要求高，讓我們不時覺得被掏空，但順利挺過洪流時，卻又感到興奮莫名。」

為了因應干擾，有些公司設計出一種系統，他們稱之為反智慧型手機，比方說魯希伯手機（Runcible）；這是一種球型的手機裝置，目的在於解決通知程式過量的問題，把功能簡化再簡化，讓你可以一覽資訊，不用動輒就拿出手機。[11]這種手機仍有打電話和瀏覽網頁的功能，但不會誘使你去檢查社交媒體動態或工作上的電子郵件，因為手機裡沒有這些應用程式。[12]CNN財經網（CNN Money）大開玩笑，說這種裝置是另一種讓人動心的替代品，可以打動「想拔掉電話線或把手機丟進火堆中，但不敢這麼做」的人。[13]然而，這篇文章接著警告潛在消費者，表示這種手機可能會引發意外的副作用，比方說讓人持續憂心，惦記著要檢查是否有新訊息。看起來，分心算是一種心智狀態，比較不關乎外力。

生產力的矛盾

多年來，我們都認同科技應有助於生產力，讓人能勻出更多空閒時間去做讓自己開心的事。但是，誠如諾貝爾經濟學獎得主索洛一九八七年時的諷刺名言，「你隨處可見電腦時代的蹤跡，唯獨在生產力統計數據裡付之闕如。」[14]**我們都相信，智慧型的科技會做聰明的事，但是，明智地使用智慧型科技完全是另一件事**。企業開始領悟，就算他們為了員工投資並引進如數據紀錄系統或專案管理軟體的新科技，不代表科技就能整合或者獲得讚賞。[15]以醫療領域為例，數位紀錄系統旨在降低因為字跡潦草或歸檔疏失引發的錯誤，但若出現網路故障，整個辦公室就會陷入空轉，導致預期的效益反成缺點。如果創新無法配合人們實際上的日常工作方式，科技反而會降低生產力和幸福水準。[16]

幸福懸崖

有時候，科技之所以有趣，是因為科技讓人興奮，促使腦內啡水準飆高、多巴胺大量分泌。但是，這些令人分心的科技休閒娛樂何時會使我們無法看清自己真正在乎什麼？這些科技消遣何時會變成生活中固定存在的一部分，不斷分散我們的注意力？

有時候，我們完全沉溺在這些消遣當中，再也看不出來它們已無法使我們幸福。我們就像卡通《樂一通》（*Looney Tunes*）裡的角色威利狼（Wile E. Coyote）一樣，雙腳跑得很快，但到了某一刻才發現自己正要衝出幸福懸崖（Happiness Cliff）之外。我可以向你保證，可憐的威利狼從沒有好下場。

根據報酬遞減法則（law of diminishing return），很多科技消遣娛樂確實有益於增進生產力和幸福，但只到某個程度為止。在這之後，會變成浪費時間、虛耗光陰的東西，反而有害。

我新婚燕爾時，科技扮演重要角色，形塑我丈夫波波（Bobo）和我父親之間的關係。即便在我婚後，我先生和我父親從沒想過沒事要打電話和對方聊聊，以增進對彼此的了解。但，有一天談話時他們發現彼此都愛西洋棋。因此，他們下載一個名為「以棋會友」（Chess with Friends）的應用程式，這是一套可以透過無線網路參與友誼賽（以及胡扯瞎扯）的程式。接下來的發展是，我和我媽不斷地發現自家老公偷偷溜走，跑去下棋。之後的幾個星期，他們一天要聊好幾次，真正加深了彼此的情誼。科技得一分。

一開始，他們新發現的共同興趣確實讓兩人都覺得很窩心。但幾個星期後，「以棋會友」變成一

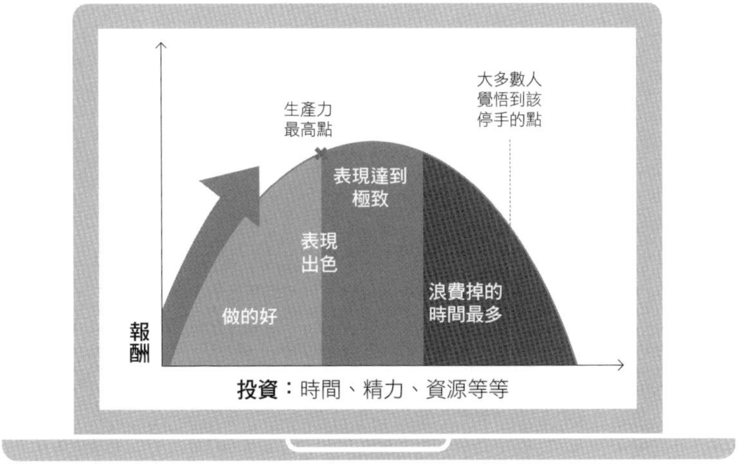

種執著，我爸和波波去找世界各地的棋手對弈以磨練棋藝，希望能打敗對方。沒錯，他們愈來愈聰明，愈來愈有策略，但也因為影響到生活中的其他人而開始受到抨擊。科技扣一分。

經過一段時間後，這兩位棋手開始興趣缺缺，愈來愈少下棋。然而，在此之前，波波和我爸已經發展出特殊的情誼與相互的理解，有助於現實中的關係。科技得一分。

之後，我爸發現了數位數獨（digital Sudoku），波波則開始用他的iPhone追《絕命毒師》（*Breaking Bad*）影集。科技扣一分。

如果把科技想像成一定要贏過的可敬對手，那你就輸了，因為科技有增有減、有盛有衰，科技也會來來去去。就像晚宴上古怪的介紹方式一樣，我們幾乎沒有時間和對方握手、交換名片，接著又被拉去見下一個人；科技也是一樣，新式科技不斷出現，把之前的拋在身後。

人和科技之間的拉扯是一場零和遊戲，因為科技本身並非參與者，而是催化劑。是我們將科技擬人化，賦予裝置和人工智慧能力，選擇讓它們代勞原本該由我們去做的決策。我們才是參與者，而且，只要我們相信自己的行為至關重要，那我們每一次都會贏。但若忘了這一點，則我們就會開始失焦，然後愈來愈疏離。

假忙

有時我們並未正確使用手機；我們利用手機來隔絕周遭的環境或逃避某些互動，或者「打電話假忙」。有多少人會在電梯裡玩手機，藉此避免和陌生人尷尬的四目相對（別告訴我只有我會做這種事）？不太可能電梯裡每個人同時都有不得不看的緊急郵件。這個社會的社交規範是，我們應該時時在忙，或者至少要營造出忙碌的假象。我們極善於發送這類訊息，然而，後果常常是因此犧牲了更重要的關係；重要的人際關係僅得到我們零碎的注意力，因為我們忙著討好別人。我認識一個前青春期的孩子，她承認有時手機沒電時她還是假裝在傳簡訊，好製造她忙著和社交媒體裡的朋友聯繫的錯覺！

最近有一項針對手機用戶進行的調查，五四％的受訪者表示，外出用餐時接手機沒關係，五七％的人說他們會把手機帶進洗手間。更離譜的是，三三％的受訪者認為，在性愛當中接電話沒什麼大不了（這使得「滾床來電」〔booty call〕有了新意；譯註：booty call 原意是指「為了相約上床而打的電話」）。[17]但說真的，到底什麼電話如此重要，以至於兩人肌膚相親時非得停下來接不可？我們看到生理上出現了科技癮頭，也注意到人們對話時減少眼神接觸所透露出的非口語線索，警鐘應該響徹雲霄了。我們不知道如何教導孩子們與手機劃出適當的界線，因為我們自己也還在摸索。我們一定做錯了什麼事；就算還沒有，如果我們不學著在令人分心的事物中求得平衡，很快也會出錯。

策略：謹守目的，穩住陣腳

避開或克服讓人分心的事物，就像追求幸福一樣，都是一種選擇，而且，這是需要懷著特定目的並不斷練習才能好好做出的選擇。在本節剩下的部分，我要和你分享一些實務做法，讓你可以堅守目的，穩住陣腳。

把注意力轉化成目的

我六歲女兒小嘉柏最近很認真，努力學習閱讀。有一晚，她拿起拉納・迪奧瑞歐（Rana DiOrio）寫的《天天為自己加油》（*What does It Mean To Be Present*）然後開始讀，把每一個字都大聲念出來……慢——慢——讀。她大約花了兩分鐘讀封面，又花了兩分鐘讀標題頁（和封面一模一樣）。一開始，她正在發展的閱讀技巧以及我們共度的美好時光讓我欣喜，但是，讀這本書大約十分鐘後，才讀了兩頁，而我也開始坐不住了，我想把書搶過來讀。我很清楚此時此刻有多諷刺：我要很勉強才能努力地為自己加油，才能做到長時間活在當下，去讀一本教人如何為自己加油、活在當下的書。事實上，我女兒刻意朗讀每一個字，聽起來像是釘子刮在黑板上，我必須在心裡認真和自己對話，自忖何以如此難靜心聆聽。

我並不覺得自己想太多，我想問題在於：我太在意完成任務，以至於忽略過程。我以生產力做為調整個人價值觀的準則。要更有生產力，我的動作要更快速。動作要快，我必須同時執行多項任務。那本在談為自己加油、活在當下的書要我一次只做一件事，獎賞是讓我女兒準時上床；沒辦法讓女兒準時上床，我便無法一心多用去做別的事，也因此害我在過程中不斷看時鐘。

我不是一開始就這樣。我女兒的閱讀事件令人心煩，但當中也暗暗點出，小孩天生活在當下，是後來從大人身上學到不再重視此時此刻。以我為例。我之所以成為現在的我，大致上是一系列潛意識決定的產物。很久以前，我便跳上追逐生產力的轉輪，經年累月習以為常，就連已跳下轉輪之後，都還覺得必須轉個不停。最後，我找到幾個該為這場災難負責的禍首：

- ✓學校體系：為了達成教育目的，學校帶領我走進這場競賽。
- ✓整個社會：社會告訴我，成就是代表你認真過生活的衡量指標。

✓科技：科技加快了生活的速度。

但真兇是我。我沒有活在當下，那是我的選擇，而且，我從來沒有認真選擇要活在當下。最大的問題是：**假設沒有科技，我們真的會更專注、更用心、更確實與懷抱著目的嗎？若否，那麼，科技就不是根本的問題。事實上，科技可以是解決方案的其中一部分……但前提是我們要設法學習如何控制科技。**

採用「三叉法」

在本章開頭提及的電力實驗中，哥哥尚恩和我學到，如果要把插頭插進去，電線要接地。善用「第三支腳」，你就能堅守目的，匯聚並導引你的精力，藉此掌控科技世界的力量。你的第三支腳可能是一個信念、一句座右銘，甚至是一套你奉行的規範。不管源頭是什麼，這支接地的腳能讓你牢牢掌握自己的精力來源，幫助你調整行為，朝向高效能的目標邁進。少了這支腳，我們就像是通了電的電線，向四面八方噴出火花電力，還會讓身邊的其他人身處險境。

從事高階主管訓練輔導的真實影響力公司（Authentic Impact）共同創辦人海倫・凱茵

（Helen Kain）開了一扇窗，讓我們看到人生的模樣：

> 即使我們知道應該把心思放在手邊的任務上，收到簡訊或郵件的提醒聲還是擄走了我們的注意力。我們常在危險或不當之時偷偷瞄一下，比方說開車或是為孩子讀床邊故事時。我們會為此稍感愧疚，然後勇敢地告訴自己「僅只一次，下不為例」，因為這一次我們在等的是很重要的訊息。真的嗎？確實是這樣嗎？由於認知失調，我們的自欺能力很強，一如我們和令人分心事物之間的愛恨糾葛同樣強烈。[18]

認知失調是一種心理壓力，當我們在同一個時間抱持互相牴觸的信念、想法或價值觀，或者根據這些準則行事時，就會感受到這股壓力。我們在臉書上展現特意加工後的自我，但自知現實和完美版本相差甚遠，就會感受到這股不安。布芮尼．布朗是休士頓大學教授、同時也是《不完美的禮物》（*The Gifts of Imperfection*）的作者，她說真實確實是「日常的功課，拋開我們認為自己應該要成為的那種人，擁抱真正的自己。」

我們愈能發揮真實自我，就愈接近理想自我。若不想看到「使命飄移」（mission drift）、難以立志的狀況，就要立定腳跟，穩穩扎入一套導引我們行為與養成習慣的指引性原則。創辦好思維公司（GoodThink）的最初幾年，我們發現自己比想像中更忙碌。光是二〇〇九年這一年，尚恩共到訪超過四十五國宣講幸福科學，演講後都是帶著難耐的背痛短暫入住旅館。他努力讓自己穩住陣腳；有些東西必須捨棄。

身為共同創辦人的我，還有，更重要的，是身為他跋扈妹妹的我，應記一大功，因為我替他針對優先順序與界線，啟動一次重要且改變人生的對話。想要分享正向心理學研究的渴望驅動著尚恩，任何人只要肯傾聽，他都願意傳播訊息。我尖銳地指出，如果他過勞，就誰也聽不到他的訊息了。事實上，大家視他為思想上的領導者，靠他了解如何身體力行正向心理學；他們需要看到他做出不符文化慣性的選擇。因此，我們開始在處事方式上做出一些小改變。

其中一項最簡單的改變，是當他離開本市時，會貼出清楚明確的「遠行」訊息。他不再發布看來無關緊要的說法，宣稱他「星期一之前都不會進辦公室」，而是開始具體說明他做了什麼。「我正在和家人度假，很努力地想更享受當下，這個星期都會遠離科技。」一開始，他怕工作夥伴找不到他會不高興，但大家的反應剛好相反。尚恩收到如潮水般湧進的電子郵件（他休完假後才讀），紛紛感謝他親自體現其所宣講的價值，給了大家起而效法的勇氣。

尚恩做出契合價值觀的取捨，選擇真實真確以及優質的相處時間，而不是生產力，也得到了他渴望的獎賞：面對同樣抱持要達成工作／生活平衡願景的各類組織時，他能與其建立起更密切的聯繫。並非所有的取捨都能如此直截了當，但是，當你以目的與深思熟慮做為選擇的基礎時，請放心，你的決定必定不會讓自己後悔。

想一想：

✓是哪些價值觀、原則或信念構成你的第三支腳？
✓你是穩扎深植第三支腳，還是聽任其他令人分心的因素驅動你的精力、偏移你的努力方向？
✓你有沒有一些習慣，比方說寫日記或冥想，能幫助你重新調整日常選擇，以契合你的優先順序？

設定你的目的

二〇一四年，好思維公司替《超級靈魂星期天》節目拍攝一部分成兩集的影片「快樂人士的祕密」（The Secrets of Happy People），我受邀和歐普拉共度一個下午。在每一部分的結尾，歐普拉會快速提問所有來賓幾個問題，包括：「什麼是希望？什麼是信念？什麼是靈魂？」其中，我最喜歡她在節目中提的問題是：「你的目的是什麼？」**當新的一天開始，你活著的理由是什麼，你又希望完成哪些事？不設定目的，我們很快就會任憑工作項目、檢核表，以及其他人替我們訂下的優先順序宰割**。

我相信以下四種方法能善用目的所產生的力量：（一）根據你的價值觀和人格特質主動選擇自己的冒險，（二）理解他人的目的，（三）重點在於要親自參與投入，不要置身事外，以及（四）把你的優先順序納入生活中最重要的位置。接下來且讓我們分別探討。

主動選擇自己的冒險：如何與科技交手

假設有個孩子在小鎮裡成長。他成天都在探索、上學，以及與人相處。每天，他對世界的理解都多一點；換句話說，他的大腦具備完全的可塑性。然而，長大後的他決定去大城市闖一闖。於是，他踏上塵土飛揚的道路，前往未來的家。一路上，他看到奇怪的東西閃閃發亮：是埋伏嗎？是路上的尋常風景嗎？還是一個可遇不可求的機會？

每一個人都走在自己的冒險之路上，沿途也都會遇到許多閃閃發亮的東西。面對路上的未知元素，很多人在無意識中會以情緒或本能來因應。然而，如果你深讀本書並提升自己的科技敏感度，就有機會**清醒地**做出選擇，決定自己未來與科技互動的方式。你希望科技在生活中占多少比重？你的界線在哪裡？為什麼？你打算如何篩選出哪些是有益的、哪些是有害的科技？這些都是每個人要面對的選擇，你選的每一條路都會引領你走向某個很有意思的地方。這一路上，你會犯下的唯一錯誤，就是你完全不提問。

接受《商業內幕》（*Business Insider*）雜誌專訪時，二十五歲班・布瑞斯特—麥基（Ben Brast-McKie）說明為何他最後決定丟掉手機，而且四年來從不後悔：

> 有什麼改變？首先，我注意到我已經養成許多強迫性的傾向。我感受到一股「搔癢」……我也感受到「束縛」，你懂我的意思。手機變成一種持續不斷的干擾。就算干擾我的人是我認識、我所愛的人也一樣，干擾就是干擾。我注意到自己受到打擾，破壞了當下進行中對話的自然節奏。我注意到其他人也對我做同樣的事。一開始這只是社交上的「冒失」，當事人會道歉，卻照做不誤。但道歉的情形並未持續太久；如今打擾早已為人接受，在大家的預料當中了。

我的好友某個周末來找我，他們也有相同的感受。朗恩（Ron）和安潔琳（Angeline）都在加州擔任外科醫師，育有二子。朗恩和安潔琳的工作排程緊湊，能來我們位在達拉斯的家渡個慵懶的周末，讓他們興奮不已。在房子裡追逐小孩三十分鐘後，我終於倒在沙發上，和安潔琳聊聊彼此的近況。就算房子裡有五個小孩像小妖精一樣跑來跑去，安潔琳仍淡然處之。反觀我，則像是一隻被帶著靜電的汽球不停摩擦的毛毛蟲。那整個周末我偷偷觀察安潔琳，因為她是我所知少數還在使用一九九〇年代古董（折疊式陽春手機）的人之一。安潔琳的住處距蘋果公司在矽谷中心地帶新建的火箭園區（Spaceship campus）僅一個街區，但她說自己是「認真拒絕智慧型手機的人」。

我盡量避免自己的語氣聽起來過於批判（變得批判是我忌妒的表徵，因為我看到她居然能坐下來、一次讀超過一頁的書），隨意地問安潔琳為什麼她選擇不要用智慧型手機。**她是怎麼撐過來的？**安潔琳穩重的臉龐皺成了一個鬼臉，因為她承認她的同事很痛恨不見得能找到她，但是智慧型手機對她來說全無誘惑力。「智慧型手機裡沒有我需要的東西，」她解釋道，「而且我不希望小孩一直跟我要手機，當成他們的個人娛樂；我希望孩子們多閱讀，不要玩電動遊戲。有時候我會擔心，如果小孩不黏手機，我會不會養出無法適應社會的小孩，但目前看來他們的狀況都還好。」

她的態度激勵了我，我決定用她的方法做點實驗。當天下午我帶六歲大的小嘉柏去超市，當她一坐上購物車，馬上跟我要手機。讓她自己玩，採購起來當然比較輕鬆快速，但我決定不要給她手機，而是給她一本書。稍微抱怨一下之後，她很快就沉浸在書中，我也快快完成採購。當我在櫃檯要結帳時，收銀員主動稱讚我的女兒在讀書、而不是在玩行動裝置。她解釋，她一整天看到太多父母經過她的結帳通道，他們的孩子都黏著裝置不放（我心虛地擠出一個笑容）。「我小時候，我們會在外面玩幾個鐘頭。」她說，「現在我的孩子都被牆上的插頭黏住，只願意走到充電器所在的地方。如果我叫小孩去外面玩，他們只願意玩到裝置充好電為止。」當我為了本書進行訪談與從事相關研究時，這種心情一再激起共鳴。我們對於自己的行為有何終極影響毫無自覺，無意間到底替未來立下了什麼樣的社會規範？

在我的研究當中，我發現多數人都可歸類為以下三種類型之一：擁抱者、接受者與抗拒者。

類型	特質
擁抱者	這類人很樂於身在科技最前端，可能是為了收集資訊或為了彰顯地位。
接受者	對於新科技有點興趣，但會靜待產品成為主流。
抗拒者	缺乏嘗試新科技的渴望、動機或財務資源。

雖然我從與女兒的購物之旅經驗中學到一課，但身為擁抱者，我必須承認，我很想把這一節寫成懇求文，跪求所有抗拒者試著當一天的擁抱者（在我的腦袋裡，我聽見蘇斯博士〔Dr. Seuss〕在他最愛的童書《綠雞蛋與火腿》〔*Green Eggs and Ham*〕裡唱著：「你不喜歡這些，你這麼說。試試看！試試看！你可能會喜歡。」）但我拒絕這麼做，因為客觀的我知道，沒有哪一種類型比另一種更好。

這三種類型各有利弊。擁抱者樂於走在新趨勢的最尖端，但他們的沉迷有可能變成昂貴的嗜好。接受者喜歡等到新科技價格降下來、錯誤更少的時候才用，但他們會發現自己永遠都在追隨，無法創造趨勢。在此同時，抗拒者在科技方面或能省下時間與金錢，但通常都被社會潮流遠遠拋在腦後。然而，不管是試著使用或努力抗拒科技，三種類型在過程中都可能被惹得心煩意亂（我有些朋友堅持使用摺疊式陽春手機而非智慧型手機，他們要花更多時間才能利用有限的數字字母鍵盤編寫每一則簡訊）。同樣的，每一類人都有可能比別人更能穩住陣腳（我有些身為擁抱者的朋友每天都使用「Headspace」應用程式來鍛鍊冥想技巧）。此外，有時候同樣的人在不同領域時會表現出不同類型。舉例來說，我的朋友朗恩和安潔琳在家時或許是科技抗拒者，但在手術室裡可能就變成了擁抱者。反之，我的雙親在職場上是新科技的接受者，但面對網路銀行時又是抗拒者。

在每一份特質列表的背後，都有該類型各自奉行的價值觀，這些獨特的觀點，形塑他們身為消費者時所做的決策與作為。無論驅動力是信仰還是道德守則，價值觀都在有意無意間讓我們站穩腳步。辨識出自己屬於哪一種類型及其原因，你就可以開始設定未來的目的，在過程中強化你的態度和方法，助你打造出關鍵的技巧組合，以利增進未來的幸福和福祉。請想一想：你為何成為這一種類型？你是否發現你在某些領域擁抱科技、在其他領域卻拒絕科技？了解自身動機，有助於穩固你的觀點，未來在添購以及與科技互動時協助你釐清選擇。

了解他人的目的

了解自己使用科技的目的很重要，同樣重要的是，你也要了解收集數據公司的意圖，不然的話，你會發現自己成為敏感資訊外流的受害者，因此遭遇重大不幸。在大數據時代，連我們說話時都涉及隱私權法，因此必須保持警戒，注意是誰在收集與我們相關的資訊、收集之後會流向何處，以及他人將如何使用這些數據。我大力支持你根據「三個P」鞏固個人資安：隱私（privacy）、個人檔案（people-finding），以及密碼（password）。

隱私：檢查你在社交媒體上的隱私設定，將分享資訊的對象限於你確實認識且信任的人。

在簽署新網站或服務之前，要先讀過每一條隱私權聲明。如果你很難找到隱私權聲明或根本沒有，千萬別簽！

個人檔案：你知道嗎？有幾十個搜尋引擎（比方說whitepages.com、spokeo.com和peoplefinder.com）都是資料仲介商，出售存取你完整檔案的權限，包括你目前和過去的地址、電話，甚至是你填寫的家屬欄內容。這些服務多半會提供「事後退出」（opt out）的方式（譯註：指對方可以主動聯繫，而你可以在收到對方資訊之後主動表明不接受，對方即不得再聯繫）讓你不要被列名，這麼做或許是值得的。

密碼：在數位時代，有一部分的福祉端繫於是否能安心，因為你知道自己的密碼很安全、你的資料受到保障，而且你的線上檔案很穩當。如果你擔憂，可考慮使用1Password.com或iPassword.com，這兩個網站旨在安全處置你最具敏感性的線上資料。

對自己的資料保持警覺當然是好事，但並非每一個收集數據的網站都是惡意網站。暴風警示、尋找寵物和醫療警急事件等應用程式，以及健康狀況追蹤器等等都有助於提升安全、安穩，來到全新的層次；一旦我知道有可能享有這麼高度的安全、安心，我絕對不會放棄。未來，這類應用程式只會愈來愈好、愈來愈同步，用更協調的方式為你提供重要資訊。

為了理解未來可以如何善用數據，我和「Chronos」應用程式的兩位創辦人查理・庫拔爾（Charlie Kubal）及狄倫・凱爾（Dylan Keil）見了面。「Chronos」應用程式設計成「被動時間追蹤器」，詳細記錄你花了多少時間打電話、使用過哪些應用程式、上網最常瀏覽哪些網站等等。其目的，是要讓使用者看清楚自己的行為，以更明確的目的善用時間。「Chronos」最近被「Life360」買下，將成為一套社交追蹤應用程式的一部分，讓你和家人及密友保持聯繫。庫拔爾和凱爾解釋，他們投入了大量的時間與構想發展出自己的隱私權政策，好讓用戶對於自己的數據會有哪些用途感到放心、安心：該公司向用戶保證，用戶永遠都能擁有自己的資料，永遠都有「主動加入」（opt in）這個選項（譯註：指除非你事先表明允許對方可以主動聯繫，不然對方不得聯繫），而且，資料使用的方式也很透明。

有自覺地利用科技，而非置身事外、任憑擺布

不斷響起的電話、隨著新電子郵件跳出的訊息，以及提醒你有新簡訊的叮咚聲，很容易讓人惱怒。科技幫助我們加快溝通速度，但也變成擺脫不掉的麻煩。研究人員已開始深入探討，長期下來，科技如何影響幸福與情緒發展。史丹佛大學有一項研究調查八到十二歲女孩的上網行為，讓她們上網最長五小時，然後請受試者自述從中得到的快樂與社交愉悅度。[19]研究發

現，與上網時數較少的同儕相比之下，長時間上網女孩的自我描述中較容易看出不快樂、社交愉悅度也比較低。

另一項研究則發現，在面對面的對話中，光是有手機在場，就會降低親密感、信任、關係品質，就算沒使用手機也一樣。[20] 雪莉．特克博士（Dr. Sherry Turkle）是麻省理工學院科技與自我倡議行動（IT Initiative of Technology and the Self）創辦人，在她名列《紐約時報》暢銷書的著作《在一起孤獨》（*Alone Together*）中表達憂慮，擔心人正在自找麻煩：我們早已習慣透過裝置溝通，失去即時面對個人建立深刻聯繫的能力。

這些結論**應該**能讓我們停下來思考，不過現在要先來討論另一件事，聚焦在如何使用科技來**強化**溝通，並檢視目前的狀況。想一想，有那麼多相隔天涯的家庭現在可以用極低的成本在Skype上溝通，駐防的士兵可以利用FaceTime念床邊故事給孩子聽，囚犯的孩子現在可以每天和父母會面、無須為了一封信或短短的電話會談等上好幾個星期。這些並非傳統溝通形式的替代品，而是提供全新的溝通模式，進行額外的對話與建立關係。

關於科技如何侵蝕社會的結構，電子裝置又如何成為令人上癮的數位版本毒品，有太多聳動的故事可說，但我偏好採用比較審慎的方法，繼續回歸科學領域，以了解新興趨勢。有趣的是，我發現，溝通與科技領域裡常有人複製與更新一個廣受引用的研究，揭露更多迷人的新觀點。原始研究在一九九八年由卡內基美隆大學（Carnegie Mellon）的羅伯・克勞特（Robert E. Kraut）主持，追蹤家有高中生的自願參與家庭使用網路的情況。克勞特發現，網路黏著度愈高的人就愈憂鬱，多種衡量心理福祉的社交支持與其他指標水準都會下降。[21] 二〇〇二年時克勞特決定重做相同的實驗，這一次，他特別注意學生在網路上互動的對象究竟是強連結（密友、家人等等）的人，還是弱連結（陌生人、泛泛之交）的人。詳細檢視上網時間的分配方式，他發現和有強連結關係的人互動的學生憂鬱程度會下降、寂寞程度減低，而且感受到的社會支持水準也會提高。[22]

另一項針對超過六百人所做的上網研究發現，「五〇％的受訪者把網路上的關係推展到『真實生活』或是面對面的領域，很多線上關係後來轉化成很親密的實際關係：二二％的受訪者表示，他們結婚、約會或同居的對象是一開始在網路上認識的人。此外，在追蹤這些受訪者兩年後，發現這類親密關係長期下來和傳統關係同樣穩定。」[23, 24]

凱斯・漢普敦（Keith Hampton）是羅格斯大學（Rutgers University）溝通與公共政策傳播副教授，他主張，分成線上互動與離線互動是錯誤的二分法。透過自己所做的研究，他深信社交媒體與網路實際上可以讓我們更靠近，不管是在線上或離線。「我認為不是人跑到網路上去了，而是人們將數位溝通模式納入既有的關係當中。」不論是電話、電子郵件、親見、簡訊還是臉書，人們使用愈多種不同的媒介互動，關係多半會更強韌。無獨有偶，二〇一二年時研究機構皮尤（Pew）在美國研究超過兩千兩百人，發現五五%的網路用戶表示他們透過電子郵件往來強化了和家人之間的聯繫，六六%則表示他們和至友之間的關係也有同樣的發展。[25]六〇%的網路用戶說，電子郵件溝通是關係得以改善的主要因素。

促進更強韌的人際溝通，是歐義士公司（OEX Inc）創辦人彼得・史戴波（Peter Steppe）打造「Campfire」（營火）的理由，這套應用程式的目的，是利用手機誘發更強烈的人際聯繫。「Campfire」模擬朋友之間的營火體驗（將手機留在桌子上，當成營火），有一個人要充當「起火人」，點燃最初的火苗，把其他朋友拉進來，一起到某個地方放鬆一下，進行面對面的溝通。你的手機放在桌上的時間愈長，火焰就愈旺，累積的點數也愈多。史戴波解釋，這套應用程式「讓你覺得雖然人在市內某張桌旁，但卻像到了戶外」。

最初推出這套應用程式時，史戴波的想法是，希望把這項工具變成一種手段，讓年輕人放下手機（他將此稱之為「科技冷感狀態」），但是，他很快就明白這種方法很短視，也不適用於處理更大的問題：在充斥著大量「群體性孤獨」情境的智慧型手機時代，如何找到方法協助各年齡層的人彼此搭上線。史戴波決定不要取代或避開科技，反而打造出另一套動態應用程式，透過生活架構中的日常情境，每天約三十分鐘，促使、鼓勵用戶和親友進行「身在當下」的互動。史戴波相信，強連結能帶來最持久的幸福感，但弱連結也很重要，因為這些是新友誼的種子。他大力主張，與其切斷弱連結，我們更應該用連結成長分數（connection-growth score）來思考人際關係，這樣更有挑戰性。你要如何拓展連結的深度？

凸顯最重要的重點

你知道一加一等於三嗎？從數學的角度來看毫不合理，但我可以為你證明這個概念。如果你把左右兩隻食指豎起來，可以清楚看到兩根手指頭。但是，如果你把其中一隻手指往前挪向鼻尖，你會開始看到三根指頭。這種有趣的動態稱為立體視覺（stereopsis）。會出現這種情況，是因為雙眼試著定焦在離你最近的手指上，背景裡的所有事物就開始變得模糊。你的視野從空間性的（看到水平或平面的物體）變成時間性的（以相對深度看物體）。

就是這種科技，讓3D眼鏡得以透過合併影像來創造景深，而且很快就能在不需使用先進立體視覺的專業眼鏡輔助下，讓一般的電子螢幕有同樣的效果。事實上，法商Alioscopy公司就因為首先推出的裸眼3D螢幕而贏得法國全球創新二〇三〇（French Worldwide Innovation 2030）競賽，這意味著，在不遠的將來，告示板和電腦螢幕將會更讓人分心，因為影像基本上會跳出來呈現在我們眼前。[26]科技，謝了。《陰屍路》（*The Walking Dead*）這類恐怖片已經夠讓我害怕了，很快的，恐怖片將會更變本加厲。

二〇一五年時，我有機會前往米蘭參觀世界博覽會（World Expo），當年的主題是「滋養地球，生命能源！」（Feeding the Planet, Energy for Life!）。會場上我最鍾愛的是以未來食物為核心的展覽，包括未來超市、機器人酒保，甚至還有一間以未來主義為模型的廚房，配有可以根據我的生物指標來告訴我應該吃什麼食物的冰箱，還有指紋掃描。我也第一次試用虛擬實境頭戴式裝置「Oculus」，透過一套如沉浸式影像版維基百科（Wikipedia）的營養學資訊程式，為我介紹視野所及每一種可食品項，引領我走完這趟導覽。這個新穎的概念既有趣又迷人，然而，我愈深入虛擬世界，就愈無法意識到自己是外面真實世界的一部分。我增廣了見聞，但是降低了自我意識，這讓我毫不扭捏地戴著大大的虛擬實境頭盔在公眾場合手舞足蹈。我的自我意識消失，是因為我對周遭世界的感知消失了。這類沉浸式的體驗短期或許很有趣，但是，終究我想要的還是保有自我意識，也想利用科技**增進**我對於世界的感知與理解。要做到這一點，我在面對令人分心事物時必須穩住陣腳；要練就這樣的本事，未來我在與科技互動時必須訂下一些有益的界線。

訂出有益的界線

當科技湧入人類的生活，從家裡的每一道縫隙灌了進來，要把焦點放在別的事情上愈來愈困難。我們一邊不斷因為科技而分心，一邊想著要完全擺脫科技，在這兩個端點之間不斷游移。但我們有第三個選擇，那就是學著用更好的方法在生活中訂出界線。有一句美國諺語：「好籬笆結交好鄰居」」（Good fences make good neighbors）。訂出有益的使用科技界線，會讓你成為更好的家人與同事（且讓你不至於在公共場合手舞足蹈）。

你可以開始身體力行的幸福妙方

1. **關閉通知**：東尼．史瓦茲（Tony Schwartz）和金．高梅茲（Jean Gomes）在《這樣WORK才WORK！》（*The Way We're Working Isn't Working*）一書中寫道：「每個人身上都蘊藏了豐沛的意志力和紀律，但會不斷被有自覺的自我規範消耗，比方說，抗拒餅乾、解決難題，或是任何需要耗費心力的行動。」除非你擁有超人的能力，可抗拒所有想盡辦法吸引你注意的提醒，不然的話，請幫自己一個忙，盡可能關閉不必要的提醒通知。在最近一項研究中，研究人員要求受試者一整個星期都要開啟手機裡的各種提醒，並且把手機放在隨手可及之處；在接下來那個星期，同一批人則被要求關掉通知，把手機放到視線未能及之處。[27]研究的結果是，受訪者自承，開啟通知時他們不專心與躁動的程度明顯較高，回過頭來，這預告了生產力與心理福祉都會下降。

2. **限制資訊餵送：**盡力將查閱資訊餵送（電子郵件、社交媒體、新聞、體育消息）的次數限制在一天三次。一項近期的研究發現，大量降低查閱電子郵件的頻率可以減緩壓力，獎賞是更能感受到意義、增進社交親密度，甚至還可提高睡眠品質。[28]

3. **保有大腦的整合時間：**人的大腦需要停工，利用這段時間下載與整合一天當中接受到的所有資訊。如果我們用數位科技來填充這段停工時間（比方說瀏覽臉書、在Instagram貼照片、用手機玩遊戲，或甚至是閱讀電子書），大腦就沒有時間去處理身邊的大量資訊並形成長期記憶。數位策略專家湯姆．吉布森（Tom Gibson）寫道：「我們必須了解，若沒有『關』就不可能『開』，而且這兩者之間的距離必須更近一些：要像是心臟跳動的前後節拍或是跑者的前後步伐這樣貼近。」[29]試著讓大腦在不受裝置干擾的情況下休息（入睡前／清醒後、散步期間，甚至是玩樂當中），可以幫助大腦充飽電並重新聚焦。全美睡眠基金會（National Sleep Foundation）與梅約醫學中心（Mayo Clinic）

都建議，在睡前一小時要禁絕使用數位素材，就是為了阻斷神經傳導物質分泌，以免大腦活力過於充沛，妨礙你進入身體需要的休息狀態。

4. **建立防護機制：**對家長而言，隱私和安全性在數位時代是大問題。監督兒童使用網路的機制向來麻煩又讓人受不了，但近期已有改善。像兒童無線上網路由器（KidsWifi router）這類新開發出來的產品，肯定讓監督流程輕鬆許多。[30]只要兩分鐘，你就可以設定好兒童無線上網，用以過濾、監督與控制孩子所有上網裝置，還可擴及其他小朋友帶來的裝置。你甚至可以在家裡訂出禁用無線網路時段（例如晚餐時或針對各年紀小孩的上床時間分別訂定）。

5. **成為數位公民典範：**與他人互動時，訂出一些牢不可破的使用科技個人守則：當有人來訪時要從電腦螢幕前面抬起頭來，取下耳機打招呼，對話時蓋上筆記型電腦。

明確宣示目標

除了制訂與維持界線之外，你也可以設計一些視覺性的提醒工具宣告你的優先順序。尚恩在《開啟你的正向天賦》（*Before Happiness*）一書中說道：

人的心智是一部目標導向的機器，潛意識會評估現在距離目標有多遠（接近度）、有多可能達成目標（達標機率），以及需要付出多少努力（幹勁）……但這些變數大體上是以我們的認知為基礎。除非你能洞察未來，否則，你不可能精準知道距離多遠、達標可能性多高，以及還需要付出多少心力，但你可以掌控你如何去感知差距以及要付出的努力。

想凸顯你生活中最重要的重點，最好的方式就是寫出來、貼在你常走動的地方。幾年前，我受到激勵，寫下我的目標貼在家中醒目可見之處，我挑了廚房裡的一面牆，刷上黑板漆（譯註：這種漆面可用粉筆寫字，並用板擦擦拭）。接著我寫下一連串我的夏日目標，每天經過時就會自我提醒還有哪些待做事項。額外的益處是，我的家人也決定訂下目標，我們開始盯著彼此的進度。「媽媽，你學會倒立了嗎？」我的大女兒每天都會這樣問我。「沒。」我惱怒地回答，「你有空教我了嗎？」說得好！

就連來訪的客人也開始受到激勵，列出他們自己的目標！在這個世界裡有太多的通知和提醒此起彼落，回歸「老派方法」，在願景板（譯註：指把想要的東西圖樣化，剪下來貼在某個實體版面上）、牆面、鏡面甚至便利貼上面手寫目標，會大幅提高你堅持到底的機率。凸顯最重要的事可以消除令人分心的事物，幫助你穩住陣腳，成為你想成為的人。

摘要

人的注意力持續的時間可能比金魚還短，但是我們可以學習不要這麼容易分心，更認真活在當下，趁著一氣呵成的流暢感，完全沉浸、充分投入我們正在從事的活動當中。[31]我們也必須善用第三支腳，以穩住陣腳，針對何時、何地、為何，以及如何和科技互動做出適切的選擇，讓我們更有能力導引精力，創造更幸福的未來。

面對變化要穩住陣腳，你可以這麼做：

✓善用「第三支腳」（導引你做人處事的原則與價值觀）以匯聚你的精力能量。

✓減少令人分心的因素以提高生產力。

✓主動選擇回應科技的態度：抗拒、接受或擁抱科技。

✓了解他人以及自身的目的。

✓重點在於要親自參與投入，不要置身事外。

✓凸顯最重要的重點。

✓將目標張貼在明顯可見之處。

策略2

了解自我——量化自我如何能助你充分發揮潛能？

古希臘哲學家堅信，自我認知是開啟人類潛能的關鍵，因此他們把「Know Thyself」（了解自我）這句話刻在神聖的太陽神廟（Temple of Apollo）裡。自此之後，哲學家、宗教領袖及作家都在思考人的本質及自我感知。哪些要素造就了人類？人如何體驗痛苦？人有哪些情緒，又為什麼會有這些情緒？過去多數結論都來自外部的觀察或推測，但近期已經改觀。拜科技之賜，如今我們有能力結合外在與內在的世界，超乎蘇格拉底或柏拉圖的想像。

人類不斷演變，從仰賴俗麗的心情戒指（譯註：據稱戴上後會隨心情變色）來展露情緒，轉變到利用真正的科技，從智性、情緒甚至分子層次來理解人體內部到底發生了什麼事。[1]我們正在見證一個新的紀元，在這個時代可以取得即時的個人快照，揭露人體內部的情況：包括器官、細胞、DNA，以及其他微型構造的整體分子組成。有了核磁共振造影（MRI），我們基本上得以一窺大腦內部，看看壓力等刺激如何影響決策，而決策之後又如何誘發如心跳加快、流汗與頭痛等生理反應。

科學協助我們了解負面刺激的某些意涵，同樣也幫助我們了解正面刺激的效果。比方說，比起過去，現代的運動員體型更高大、更強壯，速度也更快，因為他們學會如何磨練自己的身心以發揮更大潛能。如果我們用同樣的嚴謹與紀律以發展心智，從神經元層次一直到整個系統逐一琢磨，那會如何？了解自我就是力量。在策略2中，我會分享科技如何幫助你追蹤與你的習慣相關的重要訊息，之後使用這些資訊促進你的成長，藉此幫助你充分了解自己的潛能。

挑戰：如何辨識出自我設限的信念？

雖然人類是極為精密的生物，但我們不時會做出不太恰當的決策：有礙我們發揮全部潛能的決策。原因是，我們通常不太了解自己，因此大腦無法適當判斷某項行動對我們來說是好是壞。

問題在於，有時候我們手邊僅有有限的資訊，卻誤以為自己已經徹底思考過了，然而，一經深入檢視，則會發現思考過程中有很多缺漏之處。這種現象通常稱為錯覺輪廓（illusory contour），其基礎是人的思考捷徑：這類認知過程會幫助我們快速感知身邊的事物，惟後來證明這些認知可能有誤。要說明這類過程如何運作，請先看以下的圖片。當你在看每一張圖時，大腦會加入暗示其存在、但實際上並不存在的形狀和線條。

我們每次面對新挑戰時，大腦也會這麼做。大腦登載新任務的關鍵資訊，之後利用可能正確、也可能有誤的錯覺資訊（illusory knowledge）填補空缺以得出結論。然而，多半時候我們都錯得離譜；事實上，錯誤率大約為五〇%到八〇%。[3]你此時或許想到了你的配偶，現在你可有科學證據了。基於前述理由，心理學家、作家這類人士，例如丹・艾瑞利（Dan Ariely），便主張人在做決策時實際上是「可預見的

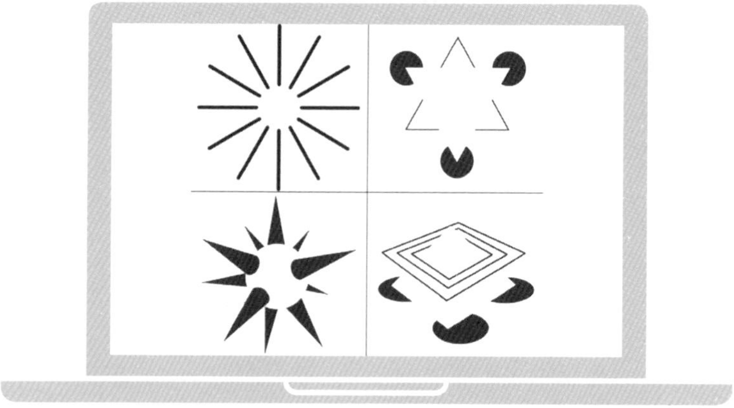

錯覺輪廓，作者彼得・賀默思・傅瑞安（Peter Hermes Furian）／百圖庫公司。[2]

不理性」。如果你需要具體的範例來點明你的想法有多不理性，你大可去問問自家父母、兄弟姊妹、朋友，或者，更好的對象是前男友或前女友。我確定他們每個人都樂於為你逐一列出範例。（不要問你的配偶或伴侶；讓對方繼續相信你永遠都很理性會比較好。）

如果你真心想克服挑戰、全力發揮自己的潛力，就必須學會辨識出周遭的錯覺資訊，因為這些會引發某些自我設限的信念。惟有這麼做，我們才能重新設定自己的思考流程，開始用心填補可能需要更多事實與訊息才能填補的空缺，之後才能做出充滿力量的選擇。為說明錯覺資訊如何在我們的人生中發揮作用，且聽我說個故事。

兩年前，一群女性朋友邀請我和他們一起到北卡羅來納的外灘（Outer Banks）參加半馬賽，用走的。容我提醒你，我向來**痛恨跑步**，但是我覺得用走的還不錯。此外，我真心喜歡到外地和女性朋友們共度周末，所以我在一時興頭之下答應了。大約經過一個星期的訓練之後，我的「好友們」決定應該改為用**跑**的。這是什麼情形？！我慌了。以前我跑過最長的距離不超過一．六公里。五歲時，我就讀的小學要求我跑一．六公里，我大約跑到四分之一時就差點昏倒了，因為實在喘不過氣來。自此之後，我就想盡辦法拒跑。

然而，我到現在才了解，當時我產生了自我設限的想法，憑的只是單一的數據：我五歲時跑到喘不過氣。我不知道那是因為氣喘發作、是因為我天生只有一個肺（可能我碰到的每個醫師剛好都沒發現這個問題），或者只是因為我不習慣跑步。於是我開始針對跑步許下新的承諾，並加以量化，使用「MapMyRun」應用程式，這套程式會在我開始跑五分鐘內標出我的地理位置。第一次訓練時，跑到六三〇公尺時我便開始呼吸困難（那時標示為開跑四分鐘）。我也記下自己花了多久時間才讓呼吸順暢（六分鐘）、我的腿有何感受、心律多少，以及我在什麼樣的天候狀況下跑步。兩天後，我再度嘗試。我仍在跑了相同的時間之後開始喘。我記下這項資訊。之後又跑了幾次，我的順暢呼吸期開始延長，速度逐漸加快，呼吸也更快恢復。我忽然之間得到真正的情報：我可以至少跑四分鐘不會喘不過氣，但是，我還是不清楚自己的完整潛力。

六個星期後（這是我訓練的期中點），請想像一下我在度假時可以在山區跑上八公里。對，就是我。這改變並非一夕之間，而是這一路上一連串的小小戰役和選擇造成的結果，這些在在要我重新思考我所認為的自己。到了訓練結束前，我發現自己衝過半馬的終點線，跑完了全程二十一公里，完全沒有停下來。

這次的成功一直是我人生中最自豪的時刻之一，不僅因為我跑完全程，更因為我克服了牽絆我多年的自我設限想法。量化我的行為模式以及多了幾個參考值，改變了一切。

錯覺資訊會扭曲我們對現實的認知，進而使得我們的決策偏移正軌。這些背叛你的想法通常都隱身在我們腦海裡最微小、最安靜的念頭裡，喃喃地說著假話謬言，播下懷疑的種子，阻礙我們發揮潛力。想做出更好的決策，關鍵是花時間詳細檢視所有形塑大環境的細節。你可能聽過一種說法：「有時見林難見樹。」（Sometimes it's hard to see the forest for the trees.）當局者迷。停下來，去想清楚森林裡不可能沒有樹，是很值得的。

在好思維公司裡，我們把樂觀定義成相信自己的所作所為很重要。一旦理解了這個想法，你就會把這些微不足道的時刻認真當一回事，明白小小念頭不會稍縱即逝，這些正是形塑未來的重要選擇。如果你還無法相信自己的行為很重要，基本上就不可能改變。每天，你都有機會主動選擇，宣示你的行為確實重要，對你的成就與幸福而言皆是，而且，你不是等到以後才這麼做，而是現在就要行動，此時此刻。

策略：放大你的小決策

多年來，家人不斷嘲笑我對於Excel試算表的熱愛。「嘿，艾美，我們要去看電影，你想不想列出一張試算表，告訴我們該看些什麼？」持平而論，我之所以會贏得這樣的名聲，可能是因為我幾乎每一次都使用試算表來評估人生的重大轉捩點，包括要不要結婚、轉換事業跑道、搬家，甚至要不要再生一個小孩。但我花這麼多時間不斷評估這些選項可是合情合理之舉，因為「這是重大決定」！

但，說到生活中的小選擇，我多半都用直覺決定。身為養了三個孩子和兩條狗的職業婦女，我通常是以自動導航模式展開一天，這意味著有時候我的決策機制設定的路徑可能並非最有效的運用時間或精力方式。我在無意識間做下小決定，像是要不要拖延、再度跳過健身運動、回覆某通來電，或是讓小孩再看一個節目好讓我把事情做完。我這麼做時，沒有想到這些小決策對我的人生造成的複合效應。我把這些轉折點稱為「小決策」（microdecision）；它們就是各種習慣的某個部分。所謂的小決策，可能是你開始從山上滑下來的某一點，或是你要挑哪一點作為踏腳墊好穩穩爬上某座山峰。

這些小決策感覺上並無條理也無足輕重，卻是決定生產力的最大因素，最終也影響了我們的幸福。成功可期公司（Predictable Success）執行長萊斯．麥奇歐恩（Les McKeown）甚至將小決策稱之為「最受人忽視的帶動企業成功關鍵」。在他替「公司網」（Inc.com）撰寫的部落格文章中，提到人通常會透過第一線員工所做的小決策來判斷一家公司：員工是否面帶笑容、直視你的眼睛、注重細節、準時上班？一般員工每天要做二十五到兩百個小決策。麥奇歐恩分析這些數據：「如果一家公司僅聘用十名員工，那就是每天都會出現兩百五十到兩千五百次決定成敗的事件。大部分做對，你就贏了；大部分做錯，你就輸了。」[4]

通常我們會覺得，小決策無關乎大趨勢，因為我們說服自己這些事情在大架構下無關緊要，不會有什麼不同。但是，**人生面對的最重要決策大多並非各自獨立，而是由我們長期有意無意之下所做的一連串小決策所決定**。知名作家麥爾坎．葛拉威爾（Malcolm Gladwell）把這種累積性效應稱為「引爆點」（tipping point），這是一個魔法時刻，此時想法、趨勢和社會行為跨過門檻、引爆，然後像野火般延燒。[5]就像蝴蝶效應（Butterfly Effect）一般（蝴蝶效應是說，世界的一端有隻蝴蝶在拍動翅膀時，會在世界的另一端引發改變），這些小決策也具備累積效應，決定了行進路徑，並顯著改變未來的模樣。[6]

你的小決策不僅直接影響自身成敗，也會影響你所屬組織的文化。如果你和全球八七％的受雇員工一樣覺得無法敬業投入，那你可以安心，因為你並不孤單。[7]但是，請花點時間想像一下，如果這八七％的人開始把工作的日子當成一連串小決策，或者，當成一次一次的機會，讓他們可以把正面的個人改變帶入生活、職場文化與環境中，那將如何？

你的小決策如何影響職場、社群與家庭？帶動你的選擇的因素是恐懼還是事實？你會抱怨環境，還是堅守目的、著手改變？在策略2中，我會提出四種方法，讓你借助科技之力，放大你的小決策，以發揮更大的潛力。

你有辦法衡量嗎？

古希臘哲學家普羅達哥拉斯（Protagoras）說過一句名言：「人是萬物的尺度」（man is the measure of all things）。但是，更適合這個時代的說法或許是：「人衡量萬物」（the measure of all things is man）。在這個想法的吸引之下，來自三十餘國成千上萬的人現在都加入了一場名為「量化自我」（Quantified Self）的線上活動。[8]參與活動的人承諾要「記錄人生」（lifelog），換句話說，亦即追蹤自己的個人數據，然後把結果分享給全世界，以利人類更了解人的本質。[9]

然而，你或許會問，誰會想要花時間記錄人生，而不是活在當下？你可能驚訝地發現，答案就是：你！很有可能，在人生的某個時候，你已經用某種形式或方式著手記錄人生了，可能是運動手錶、計步器、運動健身紀錄器，甚至是iPhone；現在用iPhone便能計步了！皮尤研究機構所做的一項網路調查指出，六九％的美國人至少在網路上追蹤一項健康指標，而且相關數字正快速成長中。[10]雖然記錄生活最常用來追蹤個人的健康狀況，但也會用來監督空氣品質（比方說科特智慧型空氣感應器〔Koto Air〕）、能源用量（例如耐斯特公司〔Nest〕的智慧型溫控器），甚至是記錄記憶（例如快照眼鏡〔Snapchat Spectacles〕）。簡而言之，記錄生活就是一種長期研究自我與周邊世界的方式。

早在智慧型手機與電腦問世之前，這個世界上就已有一些最偉大的人深諳記錄生活的概念。大家都知道達文西（Leonardo da Vinci）總是隨身帶著兩本筆記本，以記下他對自己及周遭環境的觀察。同樣的，班傑明・富蘭克林（Benjamin Franklin）也每天寫日記，追蹤自己執行三十項個人美德的進度，以臻至道德完美的境界。富蘭克林在自傳中寫道：「我很驚訝地發現，我犯下滿滿的錯誤，遠超乎自己的設想，但是看到錯誤減少讓我很滿意。」我不確定我想知道自己犯下多少道德上的錯誤，或者我想不想公諸於世，但還好，我們還有其他方法來記錄人生、提升自我。

今日，我們何其幸運能經歷數位版的文藝復興時代：從理解與研究自我的角度來說，這不啻是一種重生。很多人跟隨達文西與富蘭克林的腳步，帶領其他人看見記錄生活與妙解人生（lifehack；意指一如駭客破解電腦一般，破解能讓人生更好、更有效率的密碼）的益處。克里斯・丹希（Chris Dancy）便是其中一位記錄生活的名人，他使用多種監督裝置，記錄與自己有關的數據；[11]尼古拉斯・費爾頓（Nicholas Felton）把自己的生活紀錄轉化為複雜（且有助於提供資訊）的數據圖表；[12]行銷天才提摩西・費里斯（Timothy Ferriss）則把他對於生產力的興趣結合遊戲，寫出了一本《紐約時報》暢銷書《一週工作4小時》（*The 4-Hour Workweek*），並創造出一套程式。這些人都遠遠超前所處的時代，擁抱違反當代文化的生活方式，提升自我意識並不斷淬煉自己的人生。

記錄生活並不一定要即時或很複雜，這只是一種利用網路追蹤自身習慣的方法。這麼做的附加好處，是你自然會透析數據，培養出觀點。**記錄生活最讓我興奮之處，是我可以利用小小的洞見在自己的人生中創造正向改變，或許可能引發一場復興。**

猶他州立大學（Utah State University）助理教授維克・李（Victor Lee）寫道：「當你檢視與自己有關的數據時，你看到的不是數據點、點圖或長條圖，而是在描述你已經非常熟悉的體驗或活動……如果是運動方面的數據，你會記起某個時刻有什麼感覺。你具備一些獨特的知識，知道自己的身體如何運作，這一點讓你在思考數據時多了一點期待，也提供了一些支持。」脈絡有助於填補空白之處，凸顯或許難以辨識或可能被情緒所掩藏的模式。

李教授接著把這套持續改善的方法帶入高中課堂，藉此提升人們的資訊素養，並讓學生接觸「更真實的研究形式」。[13]誠然，數據與評鑑在課堂上並非新鮮事，但李教授相信，所有的考試和基準指標都忽略了重點。他說：「在數據導向方面，如果我們所有的作為只把重點放在評鑑，卻不去發展能為學生帶來力量、讓學習者能透析自身進步的科技，就無法達成真正的目標，也會讓莘莘學子失望。」因此，他主張要把用來分析資料的語言（離群分析、數據視覺化及模式辨識），以及用來學習的流程（事件如何與為何發生）傳授給學生。

在好思維公司，我們常說，**除非研究是活的，不然就毫無用處**，史蒂芬．基廷（Steven Keating）正是說明記錄生活如何拯救生命的絕佳真實案例。大學時代，基廷於二〇〇七年參與一項研究，其中包括核磁共振掃描。他很想知道自己的掃描結果，便主動詢問能否保留一份原始數據的副本。[14]結果顯示，基廷的大腦在接近嗅覺中心處稍有異常。他獲得的建議是幾年後再複診，因此，二〇一〇年時，基廷做了另一次核磁共振檢查，結果顯示並無變化，指向異常大致上是良性的。但，二〇一四年時，基廷注意到自己每天約有三十秒的時間都會有聞到醋味的錯覺。他要求做第三次的核磁共振檢查，後來發現異常已經變成腫瘤，大小如棒球。還好，一個月內基廷就動手術割除腫瘤，過了不到一星期便重返校園。為了研究自己，基廷錄下十個小時手術的情形，以便從這次的經驗中能有收穫。他把自己的癌症當成科學問題積極研究，最後救了自己一命。基廷現在是麻省理工學院機械工程學系的研究生，他正在套用他研究自身與持續學習的方法，為他人求取更多知識。

一如基廷，如今我們有幸也有能力利用穿戴裝置多方研究自己，這些裝置可以幫助我們追蹤與自身健康、生產力、福祉，以及整體幸福相關的資訊。記錄生活有助於我們進行研究，並連點成線，以了解天氣、空氣品質，甚至白晝時間等看似無關的因素如何影響我們的心情與生產力。這樣的洞見能讓我們更敏感，進而從無意的負面行為轉向刻意的正面選擇，最終能將我們推向更大的成就與幸福。

記錄生活善用我們天生的好奇心與想解決問題的渴望，可以提供寶貴的觀點，增進我們的潛力與未來的幸福。二〇一四年，美國雲端運算大廠Rackspace的一項研究指出，工作時配置穿戴裝置的員工，其生產力提高八．五%，工作滿意度也增加了三．五%。[15]這當然很令人驚豔，因為穿戴裝置並未直接改變行為，只不過提高使用者的感知程度並提出觀點而已。然而，這也為員工指出一條自我強化的明確路徑，並讓他們的專業生涯隨之受益。

評估自己的進度

你如何得知自己長期下來是否比較幸福？更高的福祉是否真的導引出更高的生產力或成就？雖然很多應用程式都有內建指標，供你利用基準指標進行評量與追蹤進度，但以下的提示問題也有助於你評估進度：

1. 你上個星期看到哪些改變？上個月呢？去年呢？
2. 這些變化帶給你哪些體會？

3. 你是否注意到任何不尋常的結果或趨勢？
4. 獲得哪些資訊將會有所幫助？
5. 如果可以調整一處，你會怎麼做以加強成果？

活化手上的資訊，促進轉化

資訊是人的動機與力量最重要的來源之一，但是，就像我哥哥尚恩在演講時常說的：「光靠資訊無法造成轉化。」**僅有當數據能為決策提供洞見，告訴我們如何使用資訊並強力敦促我們採取有益行動時，數據才有用處，才與我們息息相關。**

一直以來，我們都只有能力**收集**資訊，卻不知道該如何**拿來使用**，但最近已改觀。穿戴裝置「Fitbit」手環／手錶上市之後，僅有三〇%的用戶在三個月之後仍持續配戴。為什麼？因為使用者不知道該如何處理這些數據。我記得，我先生送我的第一個運動手環是我的聖誕禮物，當時，那個小小的橘色手環看似囚犯手鏈。但我仍決心要試用這個追蹤器一個月，之後就上了癮。我最喜歡的功能是睡眠追蹤器，它讓我眼見為憑，了解為何自己總是如此疲倦的原因。我每晚要起身安撫哭泣的嬰兒好幾次，而且每次都得花好長的時間才能重新入睡，這造成了可怕的循環，讓我隔天疲憊不堪。我認真地查閱手環的應用程式，以便得知如何利用這項資訊，但太過紛雜的使用者介面只提供了一項聊勝於無的建議：多睡一點有助於我隔天更有精神。我那時沒把手環摔爛還真是奇蹟。我也知道，這個有限的資料並未揭露事實的全貌。我睡著時是否很焦慮而且斷斷續續？我的氧含量足夠嗎？我前一天選擇的食物對睡眠有何影響？我的睡眠品質長期下來有改善嗎？我持有的資訊量不足，無法派上用場。還好，Fitbit等公司提供的應用程式近年來大幅改善，已經從僅呈報數據轉型到實際上可以為我們解讀數據。

下一波的科技與創新會將我們生活中的所有數據彙總起來，推動正向的行為改變，藉此為我們提供可據以行動的寶貴建議。[16]比方說，「Addapp」應用程式可以統整我智慧型手機上多個應用程式的數據，根據我過去的行為針對飲食與運動常規提供建議。這套應用程式或許辨識出我的睡眠品質會隨著活動量下降而減低，但是，如果我每天能多走兩千步，下星期就很有機會睡得比較好。現在的我便借用了這個建議！

「Spire Stone」也是類似的穿戴裝置，可以別在腰帶或胸罩上，用以衡量呼吸模式，指出你是處於冷靜、緊張，還是專心的狀態。「Spire Stone」是以社會心理學家羅伊・鮑梅斯特（Roy Baumeister）的研究為基礎，他曾寫道：「做出好決策並非固定的人性特質，而是一種會上下起伏的狀態。」[17]他繼續解釋，自制力最強的人會安排生活的架構條理，遭遇「暫停」時刻（HALT，為Hungry〔飢餓〕、Angry〔憤怒〕、Lonely〔寂寞〕與Tired〔疲倦〕等四個英文字的字首縮寫）時便保留意志力，少做出重大決定。因此，「Spire Stone」幫助人們學習盡量善用聚精會神的時刻，把困難的決策先放到精力充沛的一日之始，常態性或簡單的任務則留到下午。要落實這類建議，你通常需要規劃一天的行程，但可以在無須延長工時的條件下大幅提高生產力。[18]

這類應用程式都是新興領域說服性科技（persuasive technology）的一環；說服性科技探索科技如何說服或「推助」人的行為朝向正面改變。一九九〇年代初期，史丹佛大學博士生法格（BJ Fogg）沉醉於「科技如何成為管道，以協助人們達成目標、發揮影響力讓自己表現更好並改變組織，同時，扭轉世界。」[19]他之後創立的史丹佛大學說服科技實驗室（Stanford Persuasive Technology Lab），目前正在研究這種科技的各種應用，比方說，亞馬遜（Amazon）會推薦你可能感興趣的商品，臉書也會為你推薦朋友。

其他科技公司也搭上這股風潮，借重心理學與行為經濟學的洞見，以設計自家應用程式。舉例來說，專營企業健康計畫培訓的習慣設計公司（Habit Design）聘用了一支團隊，組成人員包括遊戲設計師與博士，開發出第一套通過臨床測試、以證據為本的平台，用來教導人們如何養成正向、可持續的習慣。透過網路作坊、實地同儕指導與內建的誘因，習慣設計公司能將三個月後的留客率維持在驚人的八〇%；習慣設計公司執行長麥可・金姆（Michael Kim）指出，相較之下，如研討會或諮商等傳統方案，通常在頭十天就會流失八成的參與者。[20]同樣的，從事追蹤體能運動狀況的喬邦公司（Jawbone）運用虛擬的「智慧型教練」（Smart Coach），發送客製化的訊息給用戶，讓他們步行數增加二七%，同時提高了睡眠品質，每晚可多睡二十三分鐘。[21]

說服性科技無所不在，基本上改變了我們思考與養成習慣的方式。當然，並非所有說服性科技的用意都是協助你往好的方向前進。隨著科技針對客戶萃取出力道愈來愈強的洞見，聰明的企業將會利用這些資訊瞄準你，讓你花更多錢或陷入上癮行為。這類行銷成效絕佳，因為他們是在你要做小決策的當下瞄準你，而此時的你正在掃描周遭的環境，以尋求相關資源；而且，他們還會置入客製化的建議，推助你做出特定決策。試想，如果店家可以自動偵測你的顏色與風格偏好，在你經過之前就改變櫥窗的展示，要守住荷包是何等艱鉅的任務？或者，如果你的全新自動居家廚房知道你早上喜歡來杯熱咖啡，過去從未偏離這套模式，你要怎麼做才戒得了咖啡？

這類情境引發了一個問題：倘若企業都在撒大錢收集各種資訊與洞見，以便看透你的行為思考模式，那你為何不先善用「自己」這個豐富的資料寶庫？雖然說服性科技愈來愈擅長透過數據性質的洞見來「了解你」，但事實是，他們僅能從你過去的決策了解與你相關的資訊，無法看出你未來想成為哪種人。法格在他自己的書《說服性科技》（*Persuasive Technology: Using Computers to Change What We Think and Do*，中文書名暫譯）裡謹慎下筆，闡述科技不應該是壓制性的，反之，我們應該永遠都要握有主動選擇權，決定如何、何時、何地與為何讓數位世界進入自己的人生。（在策略3中，我會介紹一些應用程式，專門用來「推助」你在生活中做出更正面的選擇。）從小處思考如何利用科技與資訊影響決策，我們就能更明智地發揮自身的潛能。

以高解析度來檢視自我

幾個月前，我帶小姪女去達拉斯的佩羅自然科學博物館（Perot Science Museum），館裡展出令人讚嘆的奈米科技，你可以用一台大型顯微鏡檢視一隻小蝴蝶，如果要看更細部，你只需要轉動兒童專用尺寸的轉輪。我姪女轉得很開心，不停轉啊轉，畫面也一再放大。放大的倍數似乎永無止盡，這台顯微鏡可以深入探究每一個細胞最微小的粒子。那種深度與詳細著實震撼人心！雖然那時我們研究的是昆蟲身上最微小的粒子，但這次的展覽讓我久久不能自己，因為我想到人的本質也是如此複雜、包含如許多的層面；花時間從小處思考身心如何同心協力，將可找到最豐富的洞見來源。

如果可以印出人的心智印記，就像手指的指紋一樣，那會是什麼模樣？每個人的思考與後續的行動皆有各種不同的可辨識因子，形成獨一無二的組合。一直以來，對於這些，我們都僅能據理猜測，但最近已經改觀。然而，就算我可以揮動魔杖，得出一份報告明白列出所有你的身心相關因素，你認不認得出自己？可能沒辦法，因為我們從來不曾獲得足夠的相關資訊，因此無法映照出完整的自我鏡像。

然而，由於科技革命與認知革命的互相交會，正好為我們提供強而有力的新觀點，若能加以妥善利用，這些新觀點將有助於人類發揮潛力。如今人類得以一窺簾幕之後的認知機制，看看心智如何運作，這可是人類史上第一次。透過檢視身體與大腦，能讓我們更了解自己獨特的**心紋**（mindprint）；心紋包括了思維過程、意圖、目標和興趣。當我們開始用更高的敏感度搭配新科技，就有能力更深入了解自我，設計規劃自己的行動，最終將會影響未來的幸福。

想要獲取這類錯綜複雜、源自自身日常生活的情報，最佳的方法之一是善用穿戴裝置。目前的穿戴裝置型態大小不一，從手錶到衣物、鞋墊到項鍊，無所不包。麻省理工學院的研究人員甚至製作出暫時性刺青與時尚彩繪指甲片的原型產品，可當成智慧型手機與其他數位裝置的介面。[22, 23] 隨著市場上的新玩意與穿戴裝置蓬勃發展，我們很容易就著了迷，因為這裡有許許多多的可能性，例如將生產力推至最高、讓運動員的潛能發揮到最佳狀態、預防傷害、事前主動做出健康相關決策，甚至是看主管或妻子的心情如何才決定要不要開口說什麼事。當我在撰寫本書時，很清楚知道日新月異的科技將會讓這本書過時；要知道，市場上去年穿戴裝置數目的成長率就已經高達四四%。先別忙著抵擋我的砲火猛攻，不如和我一同放鬆，想像一下如果能快速找到以下問題的答案，人生將會如何：你的壓力已經到達臨界點了嗎？你喝的水量足夠嗎？你的汗水裡有哪些成分？你有哪些感受？

如果你能清楚了解自己，在偏頭痛發作或恐慌來襲之前就知道生活中的壓力何時爆發，那會如何？美國山間醫學中心（Intermountain Medical Center）喬爾・艾朗克倫茲醫生（Dr. Joel Ehrenkranz）現正努力開發與測試一種新的智慧型手機配件，在家就可以追蹤皮質醇的水準；以皮質醇的檢測程序來說，通常一個檢體成本就超過五十美元，而且要等上好幾個星期才有結果。但艾朗克倫茲醫師的解決方案使用不到五美元的小型管，可以即時收集並分析唾液檢體，五分鐘內便可得出品質相當於實驗室等級的結果。追蹤皮質醇的水準用處多多。皮質醇水準高，有礙身體從受傷中復原、對抗感染與減重的能力。若是糖尿病患者，皮質醇水準是調節壓力的關鍵，而壓力是預防及控制這種疾病很重要的一環。有了這套簡單的應用程式（尚未提供給一般大眾），可以告訴我們自己的壓力何時可能已經來到危險程度，也在關鍵時候給予建議，要我們深呼吸或停下來服藥。[24]

如果你可以知道自己到底喝了多少水，那會怎麼樣？光環穿戴裝置公司（Halo Wearables）甫推出一款名為「H1」的穿戴裝置，看起來很像智慧型手表，但用途是監督使用者身體的水分。H1會衡量皮膚的溫度、濕度及氣溫等，讓使用者了解自身體內水分的相對值，並以綠色、黃色及紅色指標來表示：位於綠色地帶，代表使用者的水分充足。落在黃色地帶，則告訴使用者要考慮補充水分了。紅色地帶是警告，表示使用者水分已然不足。[25]若有任何運動員讀到這一段，請注意，肯桑公司（Kenzen）的回聲系列（ECHO）開發出一種活動式的小型貼片，利用一小滴汗珠便能分析出重要的生物標記，例如含鈉量與含鉀量，有助於增進表現與促進復原，也可防止受傷。[26]

或者，如果你能深刻理解自己的情緒，那將如何？「Mood Meter」是一套由耶魯大學研究人員設計出來的應用程式，目的在於培養出「可持續一世的情緒智商」。裡面建有一套程式名為「尺規」（RULER，為英文Recognizing〔辨識〕、Understanding〔理解〕、Labeling〔標示〕、Expressing〔表達〕和Regulating〔規範〕等五個詞的字首縮寫），幫助你自主提報情緒狀態。該應用程式的開發人員表示，這是「獻給自己以及他人的自我認知禮物」。

日新月異的穿戴裝置

很驚人，對吧？！當然，如果真的要試試上述每一種科技，我不光要花上一筆錢，也需要發明新的貼身腰包，才能放妥所有裝置。但這種情況大有可能改變，因為以創新的生命週期來說，穿戴裝置才剛剛脫離彆扭的青春期。一九八〇年代的大型車用電話最終的型態和功能如今都已不復見，穿戴裝置也將會有同樣的發展。我們已有長足進步，從以下這張一九九三年的照片便可窺知：當時一群麻省理工學院研究員配上了某些全球首批的穿戴裝置。這

史蒂夫・曼恩（圖左一）創辦麻省理工學院穿戴運算專案（MIT Wearable Computing Project），他是第一位成員（http://wearcam.org/nn.htm）。這些早期的產品原型促成一個新的研究領域。

些研究人員配戴大型的耳機、笨重的夾克，以及古怪的腰帶，看起來活像是油漬風搖滾樂團（grunge band）、電影《魔鬼剋星》（*Ghostbusters*）的角色，以及從事機密任務的勇猛兵團組合。

這些早期裝置正是今日某些發展中最精密穿戴裝置的原型。史蒂夫．曼恩（Steve Mann）一九七四年開發出第一套穿戴式的擴增實境系統，被公認為「穿戴式電腦之父」。他從遠端連上自己的相機，拍下世上最早的團體「自拍照」之一。[27]在這張照片之後，曼恩繼續發明多項突破性的科技，包括數位眼鏡。頭戴設備MindMesh則是一種「思考帽」，使用者可以把各種裝置（如照相機）連上大腦，把相機當成自己的「眼睛」使用。另外還有高動態範圍成像（HDR imaging），利用這種科技，相機能同時以高亮度、中亮度與暗光拍攝三張照片，之後合成影像，營造出更廣域的明暗度。[28, 29]

寫作本書時，我有幸能以電子郵件和曼恩交流，討論他的一項最新協作專案，名為Meta，這是第一副商業化的擴增實境眼鏡。[30]以每副要價高達九四九美元來說，這些眼鏡並不符合多數人的預算，但是，當市面上出現這類產品，便代表擴增實境已是**現實**，而不再是未來主義科技。梅隆．格里貝茲是Meta公司創辦人兼執行長，他在TED演說中解釋：「我認為，未來幾年，人類將經歷重大轉向。我們將開始在真實世界裡完整鋪上一層數位資訊。花一分鐘想一下，這對於說書人、畫家、腦外科醫師、室內設計師，甚至是每一個人來說有何意義。我認為，同為地球村的一員，我們要努力嘗試並認真想像，創造新實境時要如何拓展人類的經驗，而不是把現實化作遊戲，或是利用數位資訊將現實弄得雜亂無章。」就像智慧型手機後來結合了電子郵件、電話與相機，隨著這些創新通過重重測試，將會愈來愈流線、時尚，而且隨處可見。朋友們，請耐心等候，絕對值得。

社會上最重要的創新，通常來自於我們行事或生活方式的小小改變。去年夏天，我踏出一步，踩進了不那麼遙遠的未來。我受邀加入X獎基金會（XPRIZE Foundation），擔任他們某項最新活動的願景領導者（Visioneer）；這項比賽提供一千萬美元獎金，頒發給全球各地能想出解決方案、降低慢性病風險並增進個人健康的團隊。如果這聽起來好高騖遠，請記住，之前X獎舉辦過的比賽已經在私人太空之旅、省油車，甚至是快速清理漏油等領域促成許多成功的大膽創舉。

但，個人健康危機指的是什麼？是生理的、心理的還是情緒的？健康危機真的「可以解決」嗎？這類危機中有這麼多因素要考量，有可能僅靠一個解決方案就扭轉乾坤嗎？面對一個這麼大的目標，浮出檯面的解決方案，是我們必須從小處思考，自己的健康目標是什麼。與其打造另一個大規模的政府或企業健康行動方案，我們需要的是賦予個人力量，為大家提供個人化的資訊和洞見，讓他們能自行做出更好的選擇。或許是因為缺乏資訊，或許是因為不理性地期望船到橋頭自然直，我們盲目做出的決策多到令人訝異。比方說，我們都同意，每天要吃綜合維他命，卻不知道自己這副獨一無二的身體需要哪些維他命。這種事完全可理解，因為到目前為止，如果不抽血根本無法得到必要的資訊。但，想像一下，在不太遙遠的未來會有一種類似《星際爭霸戰》（*Star Trek*）電影裡的未來三度儀（tricorder），掃一下額頭（就像體溫計一樣）就會告訴你身體需要哪幾種維他命，之後根據前述資訊提供一整天的食物選擇參考。就這麼簡單，但威力無窮。若能為人們提供深入、個人化的洞見，便可以賦予個人力量，馬上拿出重要資訊而不放馬後炮，帶動深刻且持續的變化。

身為數位時代的一員，我們可以像這樣借重科技，更了解自己的裡裡外外；若能更認清自己，就可以開始更明智地思考如何發揮潛能，最終在未來找到更大的幸福，並做出更好的選擇。

思考要超越科技

雖然，這一章專門探討科技如何協助人類更了解自身並做出更好決策，然而，必須要說的是，**科技只是一種輔助工具，而非所有問題的答案**。

聽到我這個數位科技樂觀主義者說科技並非終極答案，你或許會很意外。但適時停下來思考，是很重要的一件事。最近，我六歲的女兒小嘉柏借用了我的iPhone，我無意間聽到她問Siri：「上帝是誰？」，針對這個問題，Siri迅速地回答：「這是一個很有趣的問題」，並導引她去瀏覽維基百科。這是一次小小的互動，但也令人驚訝，因為這是最古老、永遠令人激辯不已的問題之一，而Siri一秒鐘就答出來了。小嘉柏會樂意接受Siri事實上根本沒有回答的答案，不會多想，但我藉此機會鼓勵小嘉柏多問問題。我解釋，雖然科技是很有吸引力的學習工具，但我們仍必須把資訊放在歷史脈絡及個人經驗下，才會完整。在我冗長的獨白中，她的雙眼不知何時已變得呆滯，但願她有聽到我的重點。

有時候，想要了解自己意味著要善用有史以來最強大的超級電腦：人類的心智。善用心智亦即你要停下來、抽離數位環境，看看四周景物，並沉思某些人生中最重大的問題。這代表要釐清自己的情緒、傾聽直覺，或者透過祈禱或冥想尋求智慧。我深信，人類絕對不只是由能激盪出火花的神經元組成的團塊而已。我們會去感受事物；人並非根據先進演算法行動的機器，我們能超越數據透露出的資訊，用感覺分辨對錯。這是因為，心是了解自我的核心；心，讓我們成為人類、優於機器，優於我們創造出來以便更了解自己的科技。了解自我的終極行動，或許是分辨何時要用大腦思考，何時又該用心思考。

小決策定義了我們。當我們望向未來的幸福，科技或許已經在人類的掌握之中，但是，我們會遺落哪些心紋？倘若我們自我檢視人生細節，便能了解自己做的小決策能提供犀利的洞見，指出如何在生命中做出改變。現在就該善用這些資訊幫助自己轉化，訓練大腦運用正向心理學原理，在工作上、居家時，以及個人生活中發揮完整的潛能。

摘要

自知是一股力量：關注人生中的小決策並賦予目的，能幫助我們避開自我設限的想法，並針對未來做出更好的選擇。新科技幫助我們極詳盡地了解自己的身心，根據未來做出更好的小決策。然而，我們仍須借重有史以來最強大的超級電腦：人心。

利用以下方法了解自我：

✓學會辨識那些會讓你偏離目的的自我設限想法。
✓放大你的小決策，以了解小改變在何處能產生大影響。
✓追蹤人生的進度，以判定哪些是你成功之處，哪些則是有待改進之處。

策略3

訓練你的大腦——如何整合各個要素，以建構更聰明、更幸福的心智？

小時候，我確信爸爸上班時都在玩。我父親當時是貝勒大學的神經學家，辦公室裡放滿了用來測試智商的色彩鮮艷積木，甚至還有一間包覆藍色泡棉、我以為是健身房的隔音室（後來我才知道，那是為了研究睡眠時的腦波）。在他辦公室裡，我最愛的一間是走廊盡頭的電腦實驗室，上面寫著「工作室」（我認為是「遊戲室」）。在這個小房間裡，有三部電腦工作站，都配有市面上最新的科技。我還記得，一九八五年時剛滿五歲（請自行計算我的年紀）的我坐在爸爸膝上，他教我如何用像柵欄一樣的圖形填滿一部麥金塔經典電腦（Mac Classic）的螢幕畫面，然後用先進的點陣印表機印出來。我完全被迷住了。接下來幾年，我爸爸夏天教課時常會帶我們兄妹到辦公室去，因此我們有大把的時間可以搗蛋、冒險。貝勒大學經常針對科技進行系統升級，於是最新型的電腦、印表機和軟體在這個辦公室裡來來去去，正好供我們玩耍。基本上我們認為，電腦是有趣的待解謎題。我們會研究選單上的每一個項目和每一個按鍵，一直到螢幕當機不動，之後才關掉電腦、溜出電腦室，假裝沒事。

當時我們並不知道自己已成新世代的一分子，將在成長的過程中相信電腦是用來探索與冒險的工具；也不明白我們充滿好奇與愛探險的心態實際上是一種關鍵要素，有利於培養吸收資訊以及創新的能力。展望未來時，若能以不斷成長的心態看待科技如何協助我們理解、習慣與強化正面行為，必能與我們的能力相輔相成，以利發揮全部的潛能。

麻州劍橋麻省理工學院媒體實驗室的教職員與學生對於這一點可是再明白不過了；他們的目標，是要開啟大眾的心靈，接受未來的種種可能性。二〇一六年春天，我有機會一探美如博物館一般的媒體驗室，那裡好比是摩登的數位遊樂場，裡面甚至還有一整座名為「終生幼稚園」（Lifelong Kindergarten）的實驗室，專用於「發展新科技，以幼稚園兒童玩積木和手指畫的精神，拓展人們的設計、創造與學習領域。」[1]我從一個樓層逛到另一個樓層，看著各種展示品，我覺得自己像是來到數位糖果店的孩子，貪婪地看著配戴最新穿戴裝置的人體模特兒、即時顯示股市「心情」的彩球，以及「畫素堪比食用級」的精美數位吐司。我甚至有機會試用一副最古早型號的Google眼鏡；我很確定，當我試著閱讀並回應右上方視角的提示圖案時，這副眼鏡讓人變成鬥雞眼（或許這就是它被稱為「Google的痔瘡」，以及何以Google自此之後廢除這項專案，重新思考其設計的原因）。

在媒體實驗室時，我有幸一會情感運算小組（Affective Computing Group）裡的一名博士生哈維爾・赫南德斯（Javier Hernandez），向他討教科技如何影響未來的幸福。赫南德斯是其中一個研究團隊的成員，他的團隊開發出麻省理工學院心情表（MIT Mood Meter）；他們打算把心情表化成一種裝置藝術，放在校園內用以展現人們的心情。[2]每當有人經過校園裡四個放置心情表地點時，他們會看見自己出現在大螢幕上，電腦運算則會分析他們的笑容有多燦爛，他們臉上隨即就會貼上代表中性臉龐或微笑臉龐的圖像。之後研究團隊在十週內即時收集相關數據，利用幾個問題探索趨勢，例如：「日間心情會比較低落嗎？」「溫暖的天氣是否會帶來幸福感？」以及「某個系所的人是否比別的系所更幸福？」

當然，微笑僅是衡量幸福的指標之一，但這個專案的目的是要「描寫一個社群的實況浮世繪，建立時間變動但地點固定的情緒印跡。」[3]赫南德斯正在研究如何將生物感應器當成「溝通義肢」，用來協助他人理解有溝通障礙（比方說患有重度自閉症）的人。[4,5]透過長期追蹤個人對於壓力與焦慮的反應，家長與教育工作者可以開始辨識並預測誘發怒氣與自殘的因素，這對每個人來說都是重要的一大步！

雖然數位遊樂場令人讚嘆且著迷，但也代表著我們必須學習克服新挑戰。在上一個策略中，我們談到自己所做的決策可能偏離天賦，或變成助力，也探索了利用幾種科技幫助個人選擇的方式。在本章的策略中，我們則是深入鑽研如何雙管齊下，同時運用說服性科技與正向心理學，把心態拉到不同的層次，並開始找出衡量基準，以永續成長為目標衡量進度變化。更具體來說，我要提供五種你可以用來積極提升幸福水準的技能組合，以及某些我個人偏愛的小玩意、應用程式和工具，來助你一臂之力。

挑戰：與擁有「自我心思」的大腦交手

未經訓練的大腦就像是小狗般，會發展出「自己的心思」，引發一連串的後果。如果你養過狗（以這個問題來說，把狗換成小孩也可以），就知道當這些可愛的毛小天使開始有些想法時，有多讓人害怕。我還記得事發當天早上，那是我新收養一隻小狗回家後大約過了一個月的事。那天我又快遲到了，而我家的小狗則昂首闊步進行她的早晨巡禮，想找個完美的地方完成大事。等她結束，我馬上不耐煩地要把她拎起來，但你相信嗎？這團愛讓人抱抱的毛小孩居然直直瞪著我，露一腿側弓箭步假動作避開我。非但如此，她還從我的籬笆之間擠過去，學蹬羚用歡愉跳躍的腳步衝進鄰居泥濘的花園。我追著她跑，咒罵她；我裝出高亢歡愉的聲音，甚至利用小點心試著引誘她過來。在那個當下，滿懷悔恨的我終於領悟，自責之前從沒好好管教過她，應該要用「可惡，現在馬上過來這裡！」來表達最重要的召回命令「回來」。我一直假設我家小狗永遠是一團溫暖毛茸茸的乖巧毛球，低估了她的心智會不斷成長，還有，我必須訓練她的注意力。

同樣的，我們也假設自己的心態會以自動導航的模式運作，根據最佳利益行事，並未訓練大腦在受到召喚時就要「回來」。但，憑著過去的經驗我們知道，當挑戰來臨，身體不見得受過訓練能隨時待命、回應號令。有些時候身體會主動接手，訴諸「戰鬥或逃跑」的自主回應模式；心智也不以我們的最佳利益為準，反而上演淘氣蹬羚小狗狂奔亂跑秀。艾克納・伊斯瓦倫（Eknath Easwaran）是二十世紀最偉大的心靈導師，曾在他的著作《冥想》（*Meditation*，中文書名暫譯）中幽默地說明，身心若不協調會發生什麼事：

> 假設有一天早上我出了門，發動車子，開車到舊金山南區的米爾皮塔斯（Milpitas）發表關於「冥想」的演說。當我一跨過金山大橋（Golden Gate Bridge），我的車子居然往東轉，開往八十號州際道路（Interstate 80）。我努力打著方向盤，但阻力極大，轉向系統

對我完全置之不理。「米爾皮塔斯！」我對車子大聲抗議，「我們應該要去米爾皮塔斯！」但是我的車子仍倨傲地呼嘯奔馳。「雷諾（Reno）！雷諾！我們要去內華達州的雷諾！」之後我聽到我的車子竊笑，「你何不舒舒服服坐好，享受這趟旅程？」我們會容忍這種事嗎？不會，至少對車子不會。但多數人都容忍心智。理論上，我們希望心智能徹底服從，但事實上並非如此，主要是因為我們從未教導心智如何聽從我們的指令。[6]

我們從未教導心智聽從自己，是因為我們不知道做不做得到，也不知道該怎麼做。還好，在最近二十年內，正向心理學領域的研究指出，我們不但可以訓練大腦，這麼做實際上還會改變腦部的型態與功能，因為這會提升神經可塑性（真的，你可以教老狗學會新把戲）、增加灰質層（腦細胞的密度影響你移動、學習與感受身邊事物的速度），並強化神經網絡（這是大腦和自己以及身體其他部分對話所使用的路徑）。[7,8]最棒的是，你不一定要成為神經科學家才能開始訓練大腦，也不需要精密的設備。在接下來幾頁，我要和你分享幾種低成本、甚至零成本的資源，讓你開始著手進行。你要從現在就開始訓練心智，而且，就像訓練小狗一樣，愈早行動愈好。

策略：讓心智達到最適狀態

如果幸福是我們尋求的答案，那麼，我們就要計算如何讓心智達到最適狀態，以尋得幸福。在心理學上，「後設認知」（metacognition）一詞描述的便是這種最適的心智狀態，也就是一種對自身想法的認知覺察。最近一項針對職場所做的正念（mindfulness）研究，發現是否具備自制力，不採取自動、習慣性反應（指「戰鬥或逃跑」式的反應）是很好的指標，很能預測工作的敬業度以及從中感受到的幸福程度。[9]舉例來說，如果你經常覺得聽到走廊另一頭同事講電話太大聲會讓你血壓上升，後設認知與正念會給你力量，讓你選擇不同的反應，可能是深呼吸、利用這個機會起來走一走，或者聽聽你最喜歡的音樂。正念在工作上也能引發正面效應，讓人更投入工作，並能累積心理資本（希望、樂觀、韌性與自認能勝任），這些都是高效的職場成就指標。具體來說，**如果擁有想法正面且積極進取的大腦，生產力會高三一%，創意會高三倍，而敬業程度會高十倍**。[10]

要了解何以心態如此重要，請想像一下你身在一場暴風雪中，雪花從四面八方打在你身上。你看見的每一片雪花，都是一個位元的資訊，在你身邊迴旋；任何一秒，都會有一千一百萬片雪花包圍你。而人的大腦是單一處理器，這表示，在任何時候，大腦僅能專注於四十個位元的資訊，那就是茫茫暴風雪中的四十片雪花。大腦要鎖定哪些資訊？好思維公司與其他正向心理學研究人員發現，你的大腦在掃描周遭世界時若大多聚焦在壓力、麻煩、抱怨與威脅，就愈難找到已知能帶動人類發揮潛能的正面事物（請記住，希臘人把幸福定義成努力發揮潛能後感受到的喜悅）。

壓力、麻煩、抱怨與威脅全屬負面，心理學家卡蘿・杜維克（Carol Dweck）認為這些因素是「定型心態」（**fixed mindset**）的基底。[11]她在自己的著作《心態致勝：全新成功心理學》（*Mindset: The New Psychology of Success*）中解釋，在盤算規劃新任務或挑戰時，抱持定型心態的人會這麼說：「我數學不好」；「我不是社交型的人」；或者，「我就是沒這麼風趣」。這些人錯信自己天賦決定一生的成就，認為人一生下來就成敗已定。我要告訴你，如果我大女兒試著告訴我，她不能幫忙洗碗是因為她不擅長洗碗，我最可能的回答是：「小甜心，忍著點，現在你該學學了。」我們不接受自家小孩抱持定型心態，因為他們還小，而且我們期待他們成長。然而，隨著年齡漸增，我們會替自己的生活態度找到合理藉口，根據過去的經驗無意間擁抱了定性的心態，絲毫不管這樣的態度並無根據也沒有用處。

另一方面，樂觀會助長「成長心態」（**growth mindset**）；杜維克將成長心態定義為，相信人可以透過全心投入與努力奮鬥來培養多數基本能力。在掃描周遭世界找到正面之處以後，我們可以開始轉化過去的失敗、傷痛與恐懼，變成潛在成長的來源；這套過程鋪陳出一條康莊大道，通向長期的幸福。事實上，研究人員芭芭拉．佛列德瑞克森（Barbara Frederickson）發現，幸福的人常常會在感到幸福時經歷一種「上行迴旋」（upward spiral）：幸福的人樂於培養新技能，這麼做會讓他們得到新成就，而這又會帶來更多幸福，使得同樣的過程不斷重複。[12]我希望也身在這樣的上行迴旋當中！但，當然了，說比做容易。

利用轉化性科技來訓練大腦

相信你的所作所為至關重要，是訓練大腦的核心。這不是新觀念，眾多在我之前的科學家、宗教大師與思想領導者都支持這個想法；而，數位時代又打開新的疆域，讓我們理解如何利用科技來強化生活中的正向行為，有策略地訓練大腦。我最近訪談了珍妮佛．摩絲（Jennifer Moss），以深入了解她的方法；[13]她是可塑性實驗室（Plasticity Labs）共同創辦人，也是《解放職場的幸福》（*Unlocking Happiness at Work*，中文書名暫譯）一書作者，是該領域的最尖端人士：

艾美：你為何決定要創辦一家主攻腦部訓練的企業？

摩絲：我先生吉姆（Jim）二〇〇九年九月發生急性癱瘓，之後我倆開始實踐我們的使命：為十億人提供工具，讓大家過著更幸福、效能更高的生活。我們開玩笑說自己是意外成為創業者，但這種說法再確切不過。吉姆患病前是得過金牌的加拿大職業長曲棍球員，但他罹患的這種罕見疾病讓他無法走路，之後他被迫面對新挑戰：重新學習如何在少了職業運動的新人生中表現出色。我們兩人一起想出辦法，實在是因為別無選擇。當時我們已經有一個孩子，還懷了另一個。身為父母，你有責任為了孩子保持正面樂觀，而且繼續履行相關職責。

多年來，我們從這樣的經驗中學了很多。在吉姆的復原過程中，有一件事大大衝擊了我們。吉姆的醫師說他很可能永遠都無法再行走，就算他能走，也會需要人協助。但吉姆在短短六星期後就走出了醫院；那時我們的第二個小孩剛出生沒幾天。我們的心得是，由於吉姆長年沉浸在體育的世界與運動的心理，他培養出韌性、樂觀、成長型心態、感激、希望，以及其他一連串的高績效特質。這種心理適能訓練幫助他恢復，當中產生的連鎖效應，則成為我們把創傷後壓力變成創傷後成長的能力。

艾美：為何你選擇鎖定以科技解決方案來提升幸福感與表現？

摩絲：對某些人來說，科技與幸福的結合聽起來或許奇特，但這對我們的使命來說卻是萬分重要。數位媒體所帶來的廣大溝通規模，二十年前的我們不可能辦到。從傳信鴿到即時通，過去這一百五十年來我們看到了人類的溝通能力有顯著的進步，但是，擾亂上個世紀的溝通慣例，應該算是數位社群協作。這對我們的健康來說有利也有弊。我們從可塑性實驗室的數據當中學到，利用網路施行的正面干預手段，能增進身心福祉，在短短十天內就能讓整體幸福度提升三成。想像一下，現在我們可為任何有行動裝置或筆記型電腦的人提供這類短短十天的干預輔助手段，在這當中，我們溝通與傳播知識的速度，遠遠快過以往。

科技日新月異，為我們帶來了規模效益，但同時也造成了一項威脅，那就是我們太仰賴利用科技追求幸福。我和吉姆非常清楚這一點，因而也在應用程式上設定了離線活動，好提醒自己該適時離開科技了。應用程式提醒我們不要再使用科技、要起來活動一下，或是一邊走路一邊開會，聽來有點諷刺，但這對於真正的幸福來說非常重要，這就是調和。

艾美：因為工作之故，你每天沉浸在科技當中。你要如何一邊訓練大腦、一邊在私人生活中尋求幸福感的平衡？

摩絲：我和吉姆把同樣的道理應用在家庭生活上。我們每天晚上共進晚餐，不開電視，餐桌上也沒有任何科技。我們甚至不回電話。我們用餐時每個人都會分享自己要感恩的事物，這會帶動一些很棒的對話，了解每個人當天的生活。我們的小孩能流暢地說出感激，因為我們每天刻意練習，他們也知道晚餐時要和爸媽分享值得感恩的事，所以會留心尋找；若不留心，就只能任由這些時刻變成生命中平淡無奇的片段。他們也參加競爭激烈的舞蹈活動（內行人知道這需要耗費多少時間），也因此大大消弭了他們會過度接觸科技的隱憂。但，科技確實為我們帶來樂趣。吉姆和我兒子常常外出到附近抓寶，他們玩得很盡興，樂於分享自己抓到的各種神奇寶貝！

珍的一席話提醒了我，真實且持續的行為改變並非靜態的追蹤及改善指標流程，而是一套非常個人化的過程，改變真實生活中的經驗、恐懼、偏見與希望，以開創最好的前進之路。要觸發真正的轉化，得讓大腦的改變連通心的改變。如果真的想要發揮自己的潛能，我們會需要所有可用的協助，而，像可塑性實驗室這類轉型性科技，將能帶動我們成長並由自己承擔起改變的責任。

親身投入

在撰寫本書期間，我有機會試用幾種旨在提高福祉的新科技。我親身投入。很快地我便發現，每天早上的例行事項中需要多撥出一個小時，才能穿戴好各種數位裝置。當然，我也要在睡前多騰出一個小時，才能下載結果並追蹤進度。我可以把自己變成活生生的穿戴裝置機器人，藉此提高我的察覺認知程度……或者，就像我一位好友說的，我也可以去做瑜珈就好。她說的很好。我們為何需要這些玩意來提升自己的認知程度？如果我們真的全心投入理解自我的話，難道不會就此知道自己有何感受嗎？

訓練大腦的目的不是要換掉大腦，而是放大你的焦點和察覺認知，才能得知身體一直試圖告訴你的事。舉例來說，若在書桌前坐太久，我常常會背痛。我知道自己的姿勢不正確，但，即使會讓我痛得要命，忙起來時我心裡想的還是工作的事，於是又開始縮頭拱背。最後我決定試用兩種幫助矯正姿勢的裝置：第一種是Lumo Lift，這是一小片有磁性的方形貼片，可以貼在衣服或胸罩肩帶上；另一種則是Upright，這是一種貼在背上的穿戴裝置，附有輕黏貼紙和魔鬼粘。[14, 15]當我的姿勢偏移不正時，兩種裝置都會輕微震動，提醒我要坐正一點；在最初幾分鐘，我的裝置完全動個不停。而我終於從錯誤中學到教訓。三天內，我已經可以長久坐直，不勞裝置提醒了。這些穿戴裝置建構了新的神經傳導路徑，幫助我提高自己的覺察意識，強化我的肌肉，也在我的大腦裡創造肌肉的記憶。雖然裝置的目的是要養成可持續的新習慣，但是，理想上，應該只是利用短期的干預來達成長期的益處。

我前面提過的那位朋友現在又有話要說了：「但是，艾美，你可以藉由做瑜珈來鍛鍊背部並提升察覺意識啊。」她這話全對，但老實說，我聽聞瑜珈的好處已經好幾年了，但是並未持續練習。有時候，對一個人有用的辦法，對另一人不一定見效。杜維克就說了：「學生卡住的時候，需要嘗試新的策略並尋求他人的意見。要能學習與改進，他們需要的是各式各樣的方法，而不只是悶著頭苦做。」[16]翻成白話，大意是如果我的目標是要改善姿勢，我可能需要去做瑜珈，同時利用科技幫忙矯正姿勢。

當你設想要從哪一方面開始訓練大腦時，新標的重點請放在生活中會令你熱血沸騰、讓你竭盡所能用上所有可用資源，並帶著滿懷的熱情去實踐的行為。

為持續性的正向改變營造環境

在好思維公司，一直都有人詢問如何讓新養成的習慣「固著」在生活當中。也因此，當我二〇一二年遇見實現幸福公司的共同創辦人歐佛．萊德納時，備感興奮。實現幸福公司地處戰略位置，就在紐約市美味的汀恩德魯卡（Dean & Deluca）雜貨超市對街（難怪他們這麼幸福），明顯展現出新創公司的氣息（還有一處小型的高爾夫果嶺區）。我們碰面的會議室，以古董電話和現代電話組合為主題，為這家身處大腦認知訓練最尖端的企業增添一股舒心的魅力。萊德納告訴我，實現幸福公司事實上是一個網站和行動應用程式，透過有研究論據支持的活動和郵件幫助人們增進情緒福祉、培養韌性、提升正念的層次，並創造持續的幸福。[17]

實現幸福公司瞄準的是腦部認知訓練，具體來說聚焦在提供以證據為本的解決方案，以促進情緒健康。雖然很多人相信，決定快樂與否的是基因或外部環境，但事實上人的幸福約有四成取決於自己的想法和行動，一成仰賴環境，另外的五成才是基因。[18]要改變基因和環境很難，但訓練大腦能讓自己更幸福。

萊德納與長期合作的事業夥伴湯莫．班—奇奇（Tomer Ben-Kiki）合作，打造出一個平台，開發並研究關鍵技能組合長期如何提升人的幸福程度。以下是幾個實現幸福公司用來訓練大腦的輔助方法：

✓**需要有人幫忙你聚焦在正面事物？**一套名為Uplift的遊戲，會教你的大腦如何找出環境中的正面事物，從而讓你多一點好心情、少一點負面思考。當遊戲開始、畫面中的熱氣球升上來時，請點選「joy」（歡愉）或「radiant」（容光煥發）等字樣，忽略「criticize」（批評）或「angry」（憤怒）等等。

✓**想要放鬆一下？**可選擇「Serenity Scene」（寧謐之境）活動。這些經過導引規劃的配樂，最適合被冗長待辦事項清單弄得喘不過氣來的人，可以幫助人們舒展，減少焦慮，同時重新充飽能量（以腦部掃描研究為其理論基礎）。

✓**想找遊戲給小孩玩？**「Negative Knockout」（擊倒負面）是一款類似憤怒鳥（Angry Birds）的遊戲，你要利用彈弓摧毀最能描述你當天所面臨挑戰的字眼。

慣常使用平台兩個月後，八六％的用戶自承幸福感大幅提升。令人驚豔的統計數據，凸顯了科技如何在生活中引發正面改變，讓我們能超越自己的基因與環境，以利發揮更大的潛能。

有助於提升心態層次的五大目標技能組合

你或許會上健身房鍛鍊不同的肌群，同樣的，你也可以懷抱特定目的培養不同的技能組合，以增進整體福祉與幸福感受。至於要培養哪些正面習慣，你可以有很多選擇，我個人偏愛實現幸福公司用來提升心態層次的培養技能組合S. T. A. G. E.架構：細細品味（Savor）、心存感激（Thank）、熱望渴求（Aspire）、慷慨給予（Give），以及展現同理（Empathize）。

細細品味

細細品味是增進樂觀、降低壓力與負面情緒的快速簡易方法。這是一種練習，用心靜觀並特意注意身邊的美好事物，多花點時間來延長與強化歡欣時光，讓愉悅的經驗盡量延續下去。因此，無論是備餐、停下來欣賞日落，或是跟朋友報告好消息，重點是要拉長、沉浸並享受這份經驗。最終這會成為習慣，而且是你永不想打破的習慣。提出「細細品味」（savor）一詞的弗瑞德．布萊恩（Fred Bryant）教授，任教於芝加哥羅耀拉大學（Loyola University Chicago），他所做的研究指出，經常細細品味人生的人比較幸福、樂觀，而且生活滿意度更高。布萊恩認為品味有三種層次，我們可以品味過去（緬懷）、品味未來（透過正面的預期），以及品味當下（透過練習用心靜觀）。

品味有很多種技巧，你可能會發現某些很吸引你，某些則否。實現幸福公司提供平台，當中的活動與遊戲可以幫助你培養下列五種幸福技巧，此外，我也要列出一些我個人最喜愛的應用程式與裝置，幫助你培養品味之藝：

助你練習品味之藝的應用程式和裝置	
Headspace	「Headspace」應用程式是「進入心智健身房的會員資格」，提供多種引導式的冥想。
Remindfulness	這套「Remindfulness」應用程式會傳達溫柔的提醒，幫助你在忙碌的一天裡也能用心靜觀。
「繆思」頭帶（Muse Headband）	「繆思」頭帶是一種穿戴式的腦部感應頭帶，可以衡量配戴者的冷靜程度，目標在於利用生物回饋來訓練你的大腦。
Insight Timer	「Insight Timer」應用程式將冥想計時功能與用心靜觀導引結合在一起。請享受引導式的冥想，並找到你附近也在冥想的其他同好。
Mindfulness Training	「Mindfulness Training」應用程式帶領你完成幾種不同的冥想練習與方式，以培養性靈的察覺感知並增進身體健康。

心存感謝

知道別人替我們做了什麼並表達感激，這件事很簡單，卻是現代靈藥。[19]這能讓我們保持樂觀，相信會有人挺我們。心存感謝會抑制我們想要「更多」的渴望，也會深化與摯愛之人的關係。當我們表達感恩，別人也會報以善意與感激。正向心理學之父馬汀・塞利格曼（Martin Seligman）主持多項研究，要受試者寫感謝函給他們從未適時感謝的人，馬上就看到他們的幸福水準提高了、憂鬱的徵狀減少了。加州大學戴維斯分校（University of California, Davis）心理學教授羅伯・艾曼斯（Robert Emmons）是感恩這個領域一流的研究人員，也是《愈感恩，愈富足》（*Thanks!*）的作者，[20]他相信每個人都應該試著練習表達感激，因為此舉大有益處：「首先，練習感恩大約可以將幸福水準提高二五%。其次，要做到感激並非難事。在三個星期內花幾個小時寫下感恩日誌，創造出來的效果至少可以延續六個月，甚至更久。第三，培養感恩之心還有其他的健康益處，例如可以睡得更久、更好。」[21]

值得一提的是，有很多應用程式可以幫助你練習表達感恩並追蹤進度，但是口頭與實質的感謝同樣有用，效果甚至更好。

助你練習感恩的應用程式	
Gratitude Journal	「Gratitude Journal」應用程式是一種讓你完全保有隱私、以文字和圖片記下感恩的方式。
Gratitude 365	「Gratitude 365」是讓你可以寫下感恩日誌的一種美好又輕鬆的方法。
Happier	「Happier」是一種結合了正向社群的有趣社交型感恩日誌。不妨從中取得靈感，記下一天裡的小小幸福時刻。

練習熱望渴求的應用程式	
幸福生活（Live Happy）	這是雜誌、網站也是資源，討論人永恆的追尋：如何過著幸福的人生。
Live Intentionally	「Live Intentionally」應用程式協助你設定並追蹤你的自我改進目標，把認真生活放在你人生中的首要之處。
可塑性實驗室（Plasticity Labs）	可塑性實驗室是一套職場社交平台，用意在協助衡量與建立組織層面的幸福。
誘發潛能實驗室（Potentia Labs）	這是一套為組織提供相關課程的線上平台，讓員工接觸經科學驗證的技巧，幫助他們在社交、情緒與專業方面培養出克服各種障礙必須具備的習慣。這套按部就班的做法導引學生完整體驗，一路上幫助他們演練所學，一天只要三分鐘。

熱望渴求

這是指覺得充滿希望，有了方向感，積極樂觀。研究顯示，能在生活中創造出意義的人比較幸福，也更滿意自己的人生。[22]你也可以起而效尤，更正向積極面對自己的未來與潛力。真正的樂觀，是能引來朋友的磁鐵，也會使目標看來更容易達成，挑戰更容易克服。基本原則是，當你**覺得**自己更成功，就會**真的**更成功。人抱持多少希望，會大大影響表現。研究發現，一個人若能在日常生活中展現力量，不但能減壓，還有助於提振自尊及活力。另一項研究則指出，當受試者被要求以正面觀點來想像未來，就可以提升幸福程度，且效果能持續六個月。相信自己有能力達成目標，有助於增進生活的意義與方向感，這正是幸福的重要元素。

上頁提供有趣的應用程式和平台，可以幫助你發揮潛力。

慷慨給予

慷慨給予其實不用多加解釋。很明顯，慷慨給予時能讓對方更快樂。但，你或許不知道的是，施比受更有福。[23]多項研究指出，為善不僅能減輕自己感受到的壓力、疏離與憤怒，也會讓我們覺得更幸福、與全世界更緊緊相連，也以更開放的態度看待新經驗。在一項著名的研究中，索妮亞．柳波莫斯基（Sonja Lyubomirsky）要求學生承諾每個星期要隨機做五次善舉，持續六個星期；實驗中的對照組（不用做好事的人）感受到福祉下降，但做好事的受試者幸福水準提高了四二%。這項研究還意外發現，把錢花在別人身上會比花在自己身上更快樂。二〇〇六年一項研究發現，光是回想起自己為別人做的好事，其實就能讓我們心情好。凱斯西儲大學（Case Western Reserve University）生物倫理學家、同時也是無限大愛研究中心（Institute for Research on Unlimited Love）創辦人史蒂芬．波斯特（Stephen Post），是利他主義與惻隱仁心研究的先驅，他的研究指出，當我們付出、給予，會明顯影響生活滿意度、自我實現，以及身體健康等等面向，可延年益壽，也不會那麼憂鬱，福祉與好運也會跟著來。

以下列出的僅是我個人最愛的幾種應用程式，助你在生活中培養樂善好施的精神。拜槓桿合夥（leveraged partnership）與群眾外包等新式架構之賜，行善這個領域正在經歷一場革命，付出一點點的時間、才華與物質資源，就能產生極大的效果。

練習慷慨給予的應用程式	
Pay It Forward	「Pay It Forward」這套應用程式的目的，是要推廣隨機行善。這套應用程式會建議你做一些「隨手行善」，比方說在擁擠的火車上讓座或分享一句激勵人心的話。
Ripil	記錄並分享你在這個世界上所做的善行，或是記下你為自己所做的好事，把「Ripil」當成你個人的行善日誌。
Deedtags	「Deedtags」這套應用程式為你帶來挑戰，激勵你每日行善。
BeHppy	「BeHppy」是一個旨在推動與促進幸福的匿名性網絡，你從社群中得到的微笑和回應，會變成慈善捐款。
Charity Miles	「Charity Miles」幫你捐款，你騎單車每騎1英里，就捐10美分給你鍾愛的非營利機構，每跑1英里就捐25美分。
One Today	Google的這套「One Today」應用程式套用「微慈善」（microphilanthropy）的概念，讓用戶每天接觸到不同的非營利機構，建議用戶搭配朋友的捐款，也捐1美元給自己最鍾情的慈善事業，以發揮最大效果。
Feedie	使用「Feedie」應用程式將你的美食照貼在社交媒體上，加入活動的餐廳就會捐款，幫忙為南非的孤兒與高風險學童提供食物。
Instead	「Instead」應用程式和「One Today」類似，鼓勵用小額捐款引發大影響。「Instead」建議捐款3到5美元，鼓勵你在不破產的前提下回饋社會。
GiveGab	利用「GiveGab」，你可以和朋友一起在社群中創造不同的局面。你可以看看在地有哪些好的志工機會，看看別人在哪裡當志工，同時分享自己的經驗。
Norm–Social Philanthropy	尋找志工機會，並成為你所鍾愛慈善事業的支持者。
Spare	把你的餐費湊成整數，共同為同一座城市裡飢餓的人奮鬥。
GiveMob	「GiveMob」是iPhone手機專用的慈善捐贈應用程式，用戶可以透過簡訊小額捐款（5到10美元）給主題慈善機構。
Impossible	加入回饋社會的網絡，會把你的請求告知給可能會捐款助你達成目標的人，也會告訴你別人有哪些要求是你能幫上忙的。
Donate a Photo	你每透過「Donate a Photo」平台分享一張照片，嬌生公司（Johnson & Johnson）就替你捐1美元給你想幫助的慈善事業。

展現同理

同理心是一個充滿力量的詞彙，包含眾多意義；這是指你關心他人的能力，也是指設想與了解他人（包括那些和我們大不相同的人）的想法、行為與概念。如果你在乎生命裡的人際關係（有誰不在乎呢？），學習展現同理的相關技巧會為你帶來豐厚的回報。當我們同理，就會少帶批判，不那麼沮喪、憤怒、失望，並從中培養出耐心，也強化了與最親近的人之間的聯繫。當我們確實傾聽他人的觀點，對方很可能也會聽我們述說。心理學家艾德・迪安納（Ed Diener）與塞利格曼指出，強韌的人際關係是幸福的要項，而，練習展現同理可滋養生命中各種關係。理察・戴維森（Richard Davidson）是威斯康辛大學麥迪遜分校（University of Wisconsin–Madison）心理學教授，他首先指出惻隱之心是一種每個人都能學會的技能，因為大腦會不斷改變以因應環境因子。同樣的，善待自我也是一種可以透過教授而習得的技巧。克莉絲汀・聶夫（Kristin Neff）是這個領域的先驅，她指出，比起自我批評的人，善待自己的人會過著更健康、更幸福的人生。

若想知道有哪些應用程式可以幫助你培養同理心，請參考下表：

練習展現同理的應用程式	
Moodies	「Moodies」是一套應用程式，可以從人的談話當中識別不同的情緒。開發者設想用這套應用程式來幫助人們了解自己的情緒、解析他人的情緒、長期追蹤記錄情緒，甚至有可能偵測出一個人是否在説謊。
SoulPancake	「SoulPancake」創辦人是雷恩·威爾森（Rainn Wilson），他就是NBC電視台影集《我們的辦公室》（*The Office*）裡飾演「德懷特」（Dwight）一角的演員；人們可以來這裡一聚，談談對他們來説很重要的事，如性靈、宗教、死亡、愛、生活目標、創意，以及任何你想得到的主題。
Humans of New York	這套應用程式展示各式各樣的紐約居民照片，輔以人物的背景故事，旨在全球各地強化同理心。
Campfire	這套「Campfire」應用程式的用意在於強化社交網絡，鼓勵你和朋友們一起放下手機，在真實世界裡滋養關係。當你們互動時，手機會玩一種遊戲，賺得的點數由你們放下手機的時間而定。

讓正向的改變延續下去

在《哈佛最受歡迎的快樂工作學》一書中，尚恩提到傳說中的俠客蘇洛（Zorro）很有名的一招：他一開始會在一個小圈圈裡進行訓練，教導年輕魯莽的徒弟學習用劍。要先掌控這個小圈圈，徒弟才能接著擴大範圍，繼續學其他更高深的招式，例如利用繩索或水晶燈座擺盪。電視第一次播出《蘇洛》時還是黑白片的時代，假設蘇洛穿越到了數位時代，他會如何教導徒弟？現代的年輕人會因為自我設限的想法而分心，會因為各式各樣的裝置而感到焦慮，也會執迷於劍柄的擺盪分析感應器。雖然工具可能不盡相同，我想他用來面對世界的基本策略還是會和當時一樣。

你可以開始身體力行的幸福妙方

1. 從小處著手：試用每一種你能找到的新應用程式、穿戴裝置，以及小玩意雖然誘人，但要在人生中創造出持續性正向改變的最高效方法，還是從小處著手。套用蘇洛小圈圈的原理，我建議你選擇一套你想要培養的技能組合，並且至少連續二十一天都演練這些技巧（這是養成一種習慣所需的最短時間）。訂出可達成的小目標，在你熟練到一定層次後再提高難度。如果你發現自己需要更多時間才能養成習慣，請別訝異；許多研究人員，例如至善科學中心（Greater Good Science Center）的克莉絲汀．卡特博士（Dr. Christine Carter），主張有很多人需要更多時間才能養成習慣，比方說九十天。

2. **選擇適當的工具**：有件事值得一提，那就是蘇洛一開始並沒有用長柄大錘教徒弟打鬥，他很小心地選擇適當的工具，以創造微小、逐步的改變。同樣的，如果我們希望在生活中有所改變，也需要找到適當的工具執行。這可能意味著要嘗試各種不同的應用程式，然後選定你下定決心要好好使用的一個。

3. **知道何時要繼續前進**：蘇洛在對戰時最強大的戰略之一，就是知道何時要移動到更高處，嘗試新的位置。很多開發人員樂見他們開發的科技變成我們日常生活不可或缺的一環，但我比較喜歡把培養習慣的科技視為短期的干擾手段。我樂見穿戴裝置幫助我矯正姿勢，但不想一輩子都穿戴其上。我的座右銘是：做出改變，維持改變，然後繼續進行下一個改變。

領導者會訓練自己的大腦

對於表現超凡的人來說，訓練大腦並不是一種業餘嗜好，而是領導策略。不論你是企業執行長、暑期實習生、企業員工、研究生、運動員，甚至是為人父母者，這些訓練技巧組合都是在打造基石，以利在人生中創造正向的改變。我當然可以主張，訓練大腦終歸是一種個人的自我追尋，強化保護自我與提升自我的渴望。但從人類發展的整體面來看，也支持大腦訓練。

無論你身在商業界、團隊裡或家庭中，整體的美好／生產力／成功／幸福，取決於組成整體的每一個個體。我保證，**如果你確實用上述方法認真訓練你的大腦，你會發現不只是自己更幸福了，身邊的大社群也會跟著變得更好**。這是因為，我們每個人無形中都緊緊相連。

沒錯，在這本討論上網、電子裝置與正面看待科技熱的書裡，我要說的是，人類彼此之間最強烈的聯繫，實際上是無形的。如果你不相信，你可以花一分鐘做實驗：下一次你在星巴克排隊時，你假裝神情緊張地看著手錶，而且不斷地大聲嘆氣。幾秒鐘之內，你會看到一起排隊的人有一半也開始像你一樣緊張兮兮。[24]沒錯，你應該為此感到難過。現在，讓我們來做點好事：下一次要開會時，你帶著燦爛的笑臉走進會議室，而且務必要用溫馨誠意的笑容和每個人打招呼，我保證你一定會改變整個會議室的氣氛。人類腦部的鏡像神經元會促成這種超能力，讓人們在無形之中和彼此相連，使得我們有能力在潛意識（與意識）層次散播幸福。如果你訓**練大腦把重點放在正面事物上，將能開始有意識地（希望到後來會變成從潛意識就這麼做）把積極正向的心態傳遞給身邊的每一個人。**

在好思維公司，我們經常談到，幸福其實是個人的選擇，而且無關乎基因和環境。然而，借重身邊許多具事半功倍之效的工具及諸多方法，都可幫助我們影響環境，做起選擇來更輕鬆。我會在下一個策略中分享一些方法，讓你能夠在家裡、職場，以及任何你學習與生長的地方整備好自己，追求更大的幸福。

摘要

正向心理學近來的研究指出，我們可以利用S.T.A.G.E.架構來訓練大腦，以增進幸福及提升表現。要在生命中創造出持續性的正向改變，關鍵是要找到目標技能組合、具體瞄準特定的習慣、評估進度，並訂下簡單、相關且實際的目標，讓改變「固著」在你的生命當中。

利用以下方法訓練大腦：

✓培養樂觀的心態以促進成長。

✓利用S. T. A. G. E.架構（細細品味、心存感激、熱望渴求、慷慨給予，以及展現同理）來學習提升心態層次的技巧。

✓善用科技來助你成功並追蹤進度。

策略4

為幸福營造棲地——

如何為家庭、職場與社群創造更大的幸福？

如果你問為何我和我先生會買下現在住的房子，你會聽到我們異口同聲回答：因為房子裡的懶骨頭沙發。老實說，這並不是我們買下這棟房子的**唯一**理由；在達拉斯地區看過將近一百棟房子之後，我們愛上這棟房子，也出了價，但有一個條件：房子裡的懶骨頭要留下來。這些懶骨頭沙發到底有什麼特別之處？很簡單，因為尺寸和舒適度都剛好。想像一下，窩在這些沙發上小睡一會，就像是靠在大灰熊的溫暖肚皮上，卻又不用擔心要命的熊爪和灰熊的胃口會壞了事。孩子們一看到這棟候選房屋影音室裡的懶骨頭，馬上變身成奧運體操選手，以飛快的速度前前後後跳來跳去。（和一般的盡責父母一樣，我必須先親自測試在沙發上這樣玩安不安全，以確保品質。）

搬進新房時，我堅持要把新家具上的絨毛沙發套拿下來，洗掉前任屋主留下的毛絮和狗毛，我自認為這個決定很明智，也是父母該盡之責。我仔細晾乾沙發罩，以免用烘乾機烘到縮水，之後很高興地要套回大如灰熊的懶骨頭沙發上。我算錯了兩件事。第一，這件事一個人做不到。因此，就算我丈夫百般不情願，我還是請他過來幫忙（嗯……他有沒有說過我根本不應該把沙發罩拆下來洗，因為要套回去是一件很痛苦的事？）。第二個錯誤則證實了我先生的憂慮。我沒想過我這些溫馴的灰熊懶骨頭沙發少了牙齒，白話來說，是沙發罩上的**拉鍊**東缺一齒、西缺一齒，拉鍊根本拉不起來。我們又拉又塞，又跳又擠，每一次只要有點進展，拉鍊就又耀虎揚威地爆開。我不能放棄……我已經答應要整理這些懶骨頭，孩子們一想到能在上面玩耍全都喜不自勝，所以，我得繼續努力。萬分挫折、滿身大汗再加上極度的暴躁，我和我先生終於決定休息一下，去拜託一位身高約一八三公分的前足球員鄰居來當救兵。一個小時後，我們這三人組終於成功征服拉鍊，小心地坐到沙發上，全身筋疲力竭。

接下來，我要提供一些指引，讓你知道如何為自己的幸福創造大灰熊小窩。

挑戰：判定科技是敵是友

近期內你或許不用和大如灰熊的懶骨頭沙發角力，但我們每天都要面對另一場奮鬥：要將不斷流動的科技順利整合到生活中，又不讓這股潮流主導控制我們的人生。說起來，這兩者沒多大不同。

我們常覺得自己有必要「用上」每一種進步科技，可能是因為一開始的投資，可能是雇主的要求，或者是基於某種無端的恐懼，擔心如果不知道大家都在講的技術可能就無法跟上潮流。但是，**所謂嶄新、有用的進步科技不見得對每一個人來說都有相同的意義。事實上，某些科技會掠奪我們的幸福，讓我們偏離生產力和福祉之間的微妙平衡。**

想一想，出現新的掠食者會對環境有何影響。過去十年，佛羅里達大沼澤地國家公園（Florida Everglades）的野地持續遭受威脅，元凶是緬甸巨蟒，一般認為這種非原生的掠食者是透過珍奇寵物的交易進來此地。[1]這些身長約七公尺、重達九十公斤的蛇類已知是頂級掠食者，身在食物鏈的頂端，從兔子到美洲短吻鱷什麼都吃。根據世界各地的紀錄，一處棲地只要引進**一種**侵略性的物種，就足以對整個生態體系造成嚴重後果。

雖然我套用比喻，將科技比做侵略性的物種，但我認為科技本身並非掠食者，人的心態和選擇反而才是威脅所在。「世事沒有所謂的好與壞，是想法決定好與壞。」[2]我們從策略3當中了解到，科技具備潛力，能為你我的人生增添絕大的價值，拓展我們的心智、帶動我們的成長，也能促進社群發展。但，我們也從日常生活中知道，某些科技會虛耗人生，有些則會成就人生（而且同一種科技對不同的人來說可能是前者，也可能是後者！）。**我們要做的不是設法在生活中隔出科技勿入的禁區，而是盡力避免把會掠奪幸福、不符合人生大目標的科技帶入自己周遭的環境**。

策略4要告訴你，如何在生活中為幸福營造適當的環境；我所謂的適當環境，是一套讓生活的每一個部分（無論是否是數位形式）都能共存共榮的生態體系。我要和你分享的概念整合了正向心理學、物理學、教育與設計等領域的研究，能助你重新思考自己生活、工作與學習的空間與場所。

策略：重新建構空間、場所與介於其間的藩籬

替未來的幸福營造空間

一九六五年，英特爾（Intel）共同創辦人戈登・摩爾（Gordon Moore）說了一句名言，現在成為所謂的摩爾定律（Moore's Law）：微晶片的數目和速度大約每兩年就會倍增。過去五十年來，這條基本法則帶動了電腦運算產業，然而，二〇一六年時，全球半導體產業正式承認摩爾定律即將告終，運算相關產業將轉向所謂的「超摩爾定律」（More than Moore Strategy）：產業不再著眼於製造更好的微晶片、等待應用程式跟上來，未來將從應用程式著手，然後看看需要用哪種晶片來支援應用程式。[3]基本上，這表示商用科技將會以指數等級的速度發展。事實上，穿戴裝置市場規模到二〇一六年底前，預期將成長四四%，並在未來五年以每年二八%的複合年成長率持續發展。[4]

這對你我而言有何意義？這表示我們需要營造自身環境的空間，容納很快就要進入市場（以及我們的生活中）、日新月異的工具與裝置。

蛇髮女妖再現……

你過了美好的一天，做了很多事，但又輕鬆愉快。你打開櫥櫃門要拿東西，在不經意間你瞥見有什麼東西，好像是一窩的雜色蛇，有著銀色的斑點，還閃著光芒。你的心臟開始狂跳，你在思考，**戰鬥還是逃跑**？你應該盡快把櫥櫃的門關起來，還是要進一步研究？你決定看清楚，一步一步逼近，以便隨時逃開威脅，忽然間，你停住，因為你的想法從顫抖驚慌一轉為挫折憤怒。這些蛇在你眼前化成蛇髮女妖梅杜莎（Medusa）的頭：一大團廢棄的電腦線語帶威脅，說你如果再盯著它們看就要把你變成石頭。但你還是瞠目結舌地瞪著，因為這些蛇狀物太讓人好奇了。它們每一個都有名字：USB傳輸線、firewire連接線、針點、雙角插線。這些蛇狀物連接很多過時的裝置：你的老數位相機、根本算是古董的掌上型電腦（Palm Pilot）、你爺爺的點陣印表機，以及你已經壞掉的iPhone。這並不是你一開始所想的梅杜莎的頭，而是你創造出來的怪物。

解決數位囤積品的手段：必須把某些科技丟出生活之外

在我家，這個「梅杜莎的頭」以前堆在櫃子裡一個孤伶伶的箱子裡。過去兩年來，這個頭不斷長大，堆進了我的書桌抽屜、樓上的儲藏櫃、閣樓，甚至車庫。我試著假裝這個頭不存在，但每次不巧看到時總是一陣心煩，而且覺得受夠了。

還有多少人仍留著一台超過一百公斤的電視？你可能會想：*我最好留著，說不定我有一天可能又會用到這台老電視？*或者，你的理由比較偏向慈善性質：*說不定買不起電視的人會喜歡這種占掉半個客廳的塑膠製龐然大物？*你也該正視現實了：就連救世軍（Salvation Army）等專收捐贈物資的地方，也不收二〇〇六年以前製造的電視。

懷舊的心情讓我們成為全無理性的科技產品囤積者。過去，昂貴的產品設計成要用一輩子，然而，以現在的科技發展速度來看，各種新式照相機、手機和筆記型電腦實際上五年內就會過時。我們會因為各種理由而苦思到底要不要丟掉這些東西：東西可能還有用，你或許還需要，也許有一些情感上的價值，或是東西值很多錢。我們都受制於我所謂的「**GOT症候群**」（GOT Syndrome）；所謂的GOT，指的是囤物罪惡感（Guilt Over Things）。我們都覺得自己**必須**保存這些物品，也不管已經幾個星期、幾個月、幾年甚至好幾十年（還有誰保有錄音帶嗎？）連摸都沒摸過了。

事實上，耶魯大學研究人員最近發現，丟東西事實上會讓大腦產生痛感。他們發現，當你丟棄自己所擁有以及對其有感情的物品，大腦中的前扣帶迴皮質（anterior cingulate cortex）和腦島（insula）這兩個區域會亮起來。[5]這兩個區塊也和身體的痛有關，如果你被紙割傷或喝下過燙的咖啡而覺得痛，腦部也是這兩部分會有反應。如果我們談的是實體物品，光是碰觸，就能加深人對物品的情感依附。在一項研究中，研究人員給了受試者幾個馬克杯，要他們在參與拍賣之前先摸一摸、看一看。[6]研究人員讓受試者手持馬克杯的時間因人而異，看看不同的接觸時間對於受試者在拍賣期間願意出的價有何影響。比起短暫把玩馬克杯的受試者，手握杯子時間較長的受試者願意多花的錢高了六成以上。研究總結，人觸摸物品的時間愈長，認定的價值也就愈高。

科技讓GOT症候群又增添兩項複雜之處。其一，就算我們知道新款一出來，舊的一代價值就會暴跌，也很難丟掉一年前才花了六〇〇美元買下的裝置。第二，這些裝置裡有極敏感的資訊，我們不確定如何安全處置。也因此，由裝置與機器等等構成的梅杜莎頭，堆在黑暗的角落與櫥櫃；家裡有這些東西，正好證明了石化效果確有其事：我們因為害怕放手而癱瘓了。

難以捉摸的金探子

就算我們能丟掉某些數位廢棄物以整頓混亂，但阻止不了自己繼續累積。新科技承諾給我們更高的生產力、效率與幸福，實在難以抗拒。就像在霍格華茲（Hogwarts）魁地奇

（Quidditch）比賽中擔任搜捕手的哈利．波特（Harry Potter）一樣，我們會發現自己在這場華麗戰役裡不斷追逐著科技這顆閃著金光的小球，每次看似就要追到手了，球卻又跑到別處。我們知道追上新科技有其價值，但比賽幾乎沒有結束的時候。我們總想著，**或許這種新機器會幫助我，永遠再也不必打掃房子了……**

幾年前，我的父母買了一部掃地機器人（Roomba），送給我哥哥當作聖誕禮物（我認為他們是要暗示什麼）。掃地機器人的網站是這麼寫的：

> 掃地機器人，居家清掃的好夥伴……事情怎麼永遠這麼多、時間永遠不夠用？如果有人可以幫您維持日常清潔，讓您省下時間做更多事，該有多好？iRobot由衷為您著想，替您精心打造個人獨一無二的居家空間。

有一位用戶在亞馬遜的評鑑上這麼說：

二〇一四年十一月九日，發文者：白登頓（bdenton），評價：五顆星

永遠不必再吸塵！！！

我愛死了，愛死了，愛死了。我不用每天找時間吸地了。我不需要擔心床底或沙發下的灰塵，掃地機器人全都幫我做好了。就是這麼輕鬆！只要按下「清理」（Clean）鍵，它就會到處走。

我必須說，我有一點忌妒。當時的我有兩個孩子、兩條狗、一隻貓和一個丈夫，**我**才是那個需要自動化幫手的人，而不是我這位四處旅行的單身哥哥。兩年來，我貪婪地看著未開封的掃地機器人放在哥哥的櫥櫃裡（這裡的別稱是「無用玩具小島」），想著我能不能偷偷把它拿出來用，之後再找一天放回去，不讓他知道。然後，某一天，東西不見了。他從來沒用過，把它送給**他的管家**（喔，真諷刺），這位管家後來變成我們的家族朋友。

掃地機器人為何無法解決我哥哥居家清潔的問題？掃地機器人的問題不在科技，而是我哥要拿來用的話，得在日常生活中另覓時間與空間。科技廣告非常有效，因為訴求點都是我們最大的渴望：多勻出點時間，提高生產力，找到更大的幸福。我們可能會心動，但是，等到真正騰出空間將科技納入生活，卻發現無助於幸福或生產力，徒然讓家裡的科技梅杜莎頭更添聲勢。

我們已經快沒有空間了

接觸太多數位內容，對於人類大腦造成的影響與實體的雜亂無章效果無異。不管是櫥櫃、辦公桌，還是電子郵件收件匣，身邊的東西太多，有礙你聚焦及處理資訊的能力。事實上，加州大學洛杉磯分校（UCLA）一群研究人員最近觀察三十二個洛杉磯家庭，發現當他們在整理東西時，壓力賀爾蒙的水準會大幅升高，尤其是做母親的。[7]普林斯頓大學的神經學科學家檢視人們分別在井然有序與雜亂無章環境裡執行任務時的表現，也得到相同的結論。該研究的結果指出，周遭的混亂會奪走你的注意力，導致表現變差、壓力變大。[8]就連電子郵件收件匣郵件的數量，也會變成觸動心情的因素。正如同多工對腦部的影響，雜亂會讓你面對太多感受，使你備感壓力，並有損你創意思考的能力。[9]

我們渴望生活井井有條，然而，科技的快速變化讓我們不確定如何營造秩序。我們並未確實針對生活習慣排出先後順序，只是持續替新習慣建立新的常態。舉例來說，我下載的運動健身應用程式多到自己都羞於承認，但我並沒有堅持執行任何一種。我把科技當成拐杖，期望找到一個能引發終生性變革的應用程式，這有點像是許願希望拐杖能讓你再度走路，而不只是幫助你站起來。

為什麼就算已經洞悉前述觀點，還是無法養成更好的習慣？就像身在炎熱夏日裡的孩子會衝向大海，我們有時候會為了找樂子而一頭衝進科技浪花當中，但過了幾分鐘就發現衣服濕透了，也不知道接下來要做什麼。花點時間規劃一下行動，長期會替我們省掉大把的時間和很多麻煩。

何時聚焦在科技上，何時又該拋下科技？

我們是要任由科技繼續以超高的速度驅動，每一次看著不知該如何處置的過時裝置時都滿心內疚？還是要控制生活中的科技之流，站穩腳跟堅守更大的格局，善用科技以發揮潛力？我們需要一套務實的體系，知道何時該把新科技整合納入生活中，何時又該在**你**輸給科技之前先擺脫科技。

商業界會利用成本效益分析來決定最佳策略，但是，以個人生活來說，我們沒有那麼多時間或精力使用精巧的模型公式，以計算手遊「糖果傳奇」（Candy Crush）是否有益於心理健康與生產力。（再說，我們也不想這麼做。）此外，我們從行為經濟學當中得知，人類不必然永遠完全理性（好吧，完全兩個字也可以拿掉）。事實上，普林斯頓大學研究人員、同時也是《紐約時報》排行榜暢銷書作家的丹尼爾·康納曼（Daniel Kahneman）便提到人類有兩種思考系統，一種是快速、直覺且情緒化的，另一種則是緩慢、特意且比較理性的。減緩思考過程，人便更能察覺到自己不理性的認知偏見，之後才能做出更好的決策。由此繼續演繹，當我們要著手清理生活中數位造成的混亂，也要先努力減緩思考流程，慢慢想好生活中「去或留」的科技是什麼，好騰出空間，在未來能容下更多的幸福。

「真的嗎？」法則

要減緩思考流程，我們需要一句當頭棒喝，據以決定如何處理生活中的科技混亂。我有一個不可說的小祕密，那就是我家裡**亂的很**。幾年前，我試著在賣屋之前把家裡清乾淨，要決定該丟什麼東西讓我很掙扎。我整理房子那天哥哥剛好過來，他很討人厭地跟在我身邊轉，一邊說：「艾美，真的嗎？你真的需要那個嗎？」他沒被我掐死算他運氣好。但是，他的提問已在我腦海生根，因此開始發揮效用。

現在我也要把這套「真的嗎？」法則介紹給你：**這項科技真的會讓你更幸福及／或更有生產力嗎**？舉例來說，上課時用筆記型電腦會幫助你專心，還是分心？把手機放在桌上有助於你更快速回電，還是讓你每次有提醒或通知時都蠢蠢欲動想要瞄一下？睡覺時把電話帶上床會讓你更清楚自己的睡眠習慣，還是使你一直滑手機結果捨不得睡？「真的嗎？」法則美好之處，在於它容得下各式各樣的答案，而且每天都能有所不同。

在《怦然心動的人生整理魔法》一書中，暢銷書作家暨日本收納顧問近藤麻理惠（Marie Kondo）將她革命性的「麻理惠整理魔法」介紹給讀者：手放在你擁有的物品上，然後自問這件東西是否讓你「怦然心動」。[10]我很喜歡這套方法，但我提問時更進一步，因為人的生活中結合了工作／居家／學校／玩樂，有些物品自有其功能，價值不僅是讓人怦然心動而已。舉例來說，有時候，我會在手機上玩一種不花心思的遊戲，因為玩一下讓我覺得開心；有時候，我之所以玩手遊是因為能讓我的心智稍事休息，提高生產力；但有時候，我玩起來卻不覺得開心或有益。當我發現自己像威利狼一樣，正要衝出「幸福懸崖」時，就該限制這項活動在我生活中所占的時間，甚至完全禁絕，而且，就像之前我先生和我爸爸一起在網路上下棋一樣，有時候可能需要親朋好友插手，幫助我察覺自己其實已跳下懸崖。

最近一項研究發現，將檢查電子郵件次數限制在一天三次的人，每天感受到的壓力大幅下降；此外，由於壓力感較低，可預見他們在各方面都比較幸福。

同樣的，另一項研究發現，一個人愈是勤於檢視社交媒體動態，心態就愈不正面。[11]有一位用戶說：「雖然臉書能讓我舒緩壓力，但我覺得上臉書很浪費時間。我常一逛就是半個小時或更久，我認為這就是令人分心的事物，一點都不具生產力。」[12]要具備這樣的自我察覺能力與自我控制力很難，但倘若我們要為人生幸福營造環境，這種層次的觀點正是必備洞見。

影響深遠的整理術

我們知道「超摩爾定律」正要發酵，此時此刻，更該在生活中騰出空間並建立各種系統，以因應變化。完形心理學（Gestalt psychology）是傳統心理學的一派分支，試圖理解人如何在雜亂無章的世界裡建立並維繫有意義的認知。簡單來說，完形心理學家明白，數位型態的干擾對生活和工作造成衝擊，倡導以強調簡潔優美的「簡潔律」（Law of Prägnanz）來減輕壓力。簡潔律認為，人傾向於用規律、有序、對稱與簡單的方法來排列經驗。要減輕壓力，最好的方法就是把刺激性的事物從眼前移開。完形心理學的理論打動我身上屬於「A類型人」的這個部分，這一半的我深愛Excel試算表，即便知道小孩放學回家後家裡馬上就一團亂，還是希望生活井井有條；這一半的我，渴望「生活條理分明的日子」。

我想，這一定是我喜愛「Shutterfly」等照片整理程式的理由，因為這些程式為我提供架構，幫我整理之前滿坑滿谷雜亂的照片，並能按照日期、關鍵字、臉孔或地點來搜尋我珍藏的時光。但即便如此，我不過是把囤積的實體形式記憶轉換成數位，差別在於比較有條理。真正的問題是，我**為什麼**要保留這麼多照片？是擔心孩子漸漸長大，而我沒有辦法珍藏這些記憶嗎？是害怕哪一天最小的孩子會問，為什麼兩個姐姐的照片比較多嗎？是唯恐家族裡有哪個人以後可能想要這些照片嗎？或者是，我的哪個小孩有一天可能要選總統，如果沒辦法為總統候選人的資料庫提供早年資訊，我可能會挨罵？

基本原則是，我們不能什麼都要留。實際上不可能，而且就算留了也不會讓我們比較快樂。值得一提的是，雖然已經證明混亂有礙表現，但更重要的是你對混亂的**認知**。每一個人能忍受的混亂程度不同。對有些人來說（如賈伯斯），一點點混亂可能會讓他們有靈感、有效率。[13]這些人或許會認為，一塵不染的辦公室等同死氣沉沉，代表了這裡沒有想法也沒人在做事。另一方面，像「抱樹人」（TreeHugger）生態環保網站創辦人葛拉罕・希爾（Graham Hill）這類人，偏好的就是絕對的簡潔。希爾最為人所知的一件事，是他賣掉價值百萬美元的豪宅，換住一間約一一・八坪的公寓，廚房裡幾乎什麼都沒有：只有十二個沙拉碗，以及基本的用具。更了解自己，找到最適合你的環境，將有助於你決定要清掉多少雜亂才能找到安樂窩。

當你開始重新掌控家中的櫥櫃和抽屜，請記住，目標是要找到**可造成深遠影響的整理方式**：用最小的成本創造出最大的效果。整頓的第一條基本法則，是丟掉不必要的品項。清除垃圾郵件這項工作效果不大，這是因為，就像《陰屍路》裡的殭屍一樣，垃圾郵件每天、甚至每分鐘都會出現。你的電子郵件程式很可能會每三十天或九十天自動清理一次垃圾郵件的內容，因此，檢查每封郵件後再決定是否刪除，此舉很浪費時間。你在瀏覽收件匣時會先讀由真人寄過來的郵件，而不是去看大批寄送的通訊刊物，同樣的，你一開始整理也要先找出實體環境中最重要或最值得的項目，從這裡下手。

生活空間的雜亂：請分類

雖然整套流程聽起來很嚇人，但是花一天甚至是一整個周末整頓混亂，會幫你大大縮小數位裝置亂葬崗的規模。把不再使用的裝置分成四類：出售、捐贈、回收或留存。

撰寫本書期間，我決定要落實「夷平科技亂葬崗」這個想法，也從過程中學到很多寶貴的教訓。首先，別太刁難自己。我原先打算周末要把整個櫥櫃的空間都整理乾淨，但結果當然不可能如願。我有好多垃圾要清。如果你跟我一樣，則需要的時間很可能超過預期。近藤麻里惠指出，她的技巧至少需要六個月才能完全收效。認可自己付出的努力，你將能把整頓清理變成有意思的工作。我就是這樣。借用我們在策略3談過的蘇洛圈，我會先整理一個小抽屜或架子，然後全力捍衛這個區塊，不讓蠟筆或果汁空瓶等等小攻擊者入侵。這是我的地盤！一旦大腦感受到勝利，我就有新的能量去應付更大型的任務，一次做好一個蘇洛圈。當我又開始覺得受不了時，則會複述我的座右銘，告訴自己是在「選擇快樂，而不是在打仗」，並且慶祝到目前為止的進展。

你可以開始身體力行的幸福妙方

1. **篩選與分類：**一開始先在地板上把物品分成兩類：還在用的／有需要的，以及沒那麼需要的。我的基本原則是，如果有個東西過去兩年我都沒使用過，很可能實際上並不需要。對，這表示你要丟掉老式的撥接式數據機（相信我，它永遠不會再度流行）。
2. **找出重複的東西：**仔細檢查「有需要」的那一堆物品，看看有沒有同樣的裝置或插頭重複了。沒錯，多一條網路線在必要時很方便，但多十五條就太誇張了。
3. **自制：**若要控制未來的失序混亂，請把你的「必要品項」全放在小型的儲藏空間和箱子裡。請讓我複述後半段：**小型**的儲藏空間和箱子。熱力學定律（Laws of Thermodynamics）告訴我們，粒子會膨脹以填補空間，因此，劃出限制區域以控制混亂，是很合理的做法。避免用紙箱，因為紙箱是潛在的蟑螂與其他蟲子的食物。盡可能使用透明（如果可以的話，要附蓋）的箱子，你才能在不需標示之下輕易找到你放梅杜莎頭的箱子。

4.**處理剩餘物品**：把那一堆「沒那麼需要」的物品分成三個箱子：出售、捐贈或回收。要處理有意出售的物品，我找到的最快速解決方法之一，是把東西帶到百思買（Best Buy），這家電子用品店以合理的價格回收多種物品。你也可以利用這家公司網路上的交易計算機，算算看你可能拿回多少錢。如果東西不好賣，不妨考慮捐掉或回收。可能的話，請盡量不要丟棄電子產品。聯合國指出，二〇一四年時全球丟棄的電子產品達四六〇〇萬公噸，光是美國就丟了七七〇萬公噸。[14]如需要找到附近接受科技產品的機構，可以查一下電子管家網（e-Stewards.org），這是一個非營利的網站，提供一些很不錯的資訊，告訴你如何捐物。比方說，你覺得不會有人想要的老舊手機，會變成逃離家暴的婦女仰賴的生命線。請注意：在你處置物品之前，務必確認已刪掉重要私密訊息，移除了所有敏感資訊（如果你不知道該怎麼做，請在搜尋網站上鍵入「刪除」及你的裝置名稱。或者，你也可以就近找來某個青少年幫忙。如果上述方法都行不通，很多地方都有提供「銷毀硬碟」服務，要不然，你甚至可以透過「你寄過來，我幫忙清除」（Ship'N'Shred）等服務，把裝置郵寄過去請人刪除。）[15]

5. **成為空間的主人：**清理工作空間，讓你一看就會想起你做了多少整理工作。[16] 用線或是魔鬼氈把各種接線收好，以免「接錯線」，也讓視野更清爽。當你心裡惦記還有好多工作要做時，這個步驟看起來或許多餘，但很重要，能讓你一直保持井井有條。
6. **品嚐勝利：**最後，深呼吸，享受這個清爽的空間！

我學到的第二課，是了解到整理流程中最花時間的工作是刪除各種故障裝置上的數據。還有，如果你有朋友或你聽過有哪些服務可以把照片、影片或投影片快速轉換成數位，無論如何都要使用。最後，我發現，建立分類系統和丟東西一樣重要。我或許還沒準備好拋下重如大石的攝影機，但至少我已經開始著手，把影片轉成數位形式；轉完最後幾支影片後，我將會樂於告別攝影機。生活中的科技轉換速度極快，從滿屋子的裝置當中做篩選，這項工作將會是生活中持續不斷的功課；現在就開始動手，未來將會輕鬆許多。

電腦裡的混亂：騰出空間

接下來，就該對付電腦裡的混亂了。電腦檔案如果太雜亂，會拖慢整套系統的速度，因此，提升生產力最快速的方法之一，便是在電腦中釋放出一些空間。不要去煩惱數量眾多、大量的小檔案，你要專注在影響力大的項目上（電影、應用程式、照片、檔案），這些占掉了大量的記憶體。

你可以開始身體力行的幸福妙方

1. **善用雲端**：如果你擔心檔案會因為電腦當機、停電或倒楣在樓梯上絆倒（到目前為止這三種我都經歷過），雲端可以讓你免於焦慮。使用可自動替電腦備份的線上服務，你便不需操心。我現在會重複備份，因為有些系統適合用於恢復整套系統，有些則較適用於存取個別檔案。我用「Carbonite」作為主要的備份，用「Dropbox」作為次要備份。我也把照片存在「Shutterfly」，影片存在「Vimeo」。你或許會覺得此舉聽起來很麻煩，但好處是我知道我的檔案很安全，而且我知道我可以輕鬆存取（完全不需要為了找一張心愛的照片翻遍幾部外接硬碟或不同的電腦！）。制定好流程，代表我可以在電腦速度慢時刪掉裡面的檔案，而這又表示我可以多做點事、少點沮喪。
2. **刪掉大型檔案**：我喜歡根據大小來替電腦裡的檔案排序，然後盡量刪掉大於五〇〇MB的檔案。如果還不能刪掉某個大檔案，那我就會試著轉移到某個雲端儲存（例如iCloud

或Dropbox）。

3. **找出重複檔案：**你可以下載一些免費或付費的應用程式（例如Mac CleanSweeper）在電腦裡執行，幫助你刪掉同一個檔案的多個副本。這些應用程式的好處，是你可以啟動程式後走人，讓電腦幫你完成所有工作！

4. **將舊電子郵件歸檔：**如果有一封電子郵件你超過一、兩個月都沒有去讀，等你以後有時間真的會回來處理的機率有多高？你的答案是真心的嗎？我喜歡把一個月以上的電子郵件歸檔，如此一來當下的我才可以閱讀最新與最緊急的電子郵件，專注在這些訊息上。如果我哪天想到了要回過頭去看舊郵件，我知道都還放在電腦裡，永遠都可以回頭去讀。

5. **清理電腦桌面，讓畫面清爽：**最後，請把電腦桌面上的所有東西都移到檔案夾，或者，更好的做法是放到雲端的儲存系統，例如「Dropbox」。雜亂無章的桌面不僅讓人分心，還增加思考的困難度。幫你自己一個忙，有個清清爽爽的開始！

通知提醒造成的雜亂：砍掉令人分心的事物

整頓空間可增進生產力、效率與創意，同樣的，整頓心靈也能增加心智的效能並讓心情好起來。然而，環境裡的分心事物多如雜草。除非你斬草除根，否則這些東西早晚都會長回來，為你帶來壓力、造成焦慮。想辦法解除不斷出現的提醒與資訊，就能有更多時間和空間去過更有創意與創造力的生活，而且開機時也不會有這麼大的壓力！[17, 18]

你可以開始身體力行的幸福妙方

1. 停止訂閱不必要的內容：你可以使用「Unroll.me」這類服務，或是當廣告類的電子郵件傳進你的收件匣時，養成習慣按一下信末的「不要訂閱」。
2. 單調乏味的工作交由系統自動處理：讓線上服務幫助你處理重複性的事物，比方說支付帳單或備份電腦，替你省下時間與精力。
3. 關掉提醒：不必要的提醒會中斷你的注意力、拖慢你的速度，還會惹毛你。花個五分鐘，盡量把手機或電腦上的提醒都關掉，讓你之後不必面對耗時的沮喪與騷擾。

4. **刪減泛泛之交：**整理社交媒體上的好友，僅留下你真正想留的朋友（你還是可以和泛泛之交維持朋友關係，但他們不會出現在你的動態上）。

當你完成整頓實體與數位空間的流程時，我想強調的是，目標不是要達到靜態的完全冷靜、乾淨與有條有理。就像我的孩子們每天教會我的，混亂總是會發生，而且會持續發生：你**將會**囤積更多東西、下載新的應用程式、收到更多電子郵件，垃圾郵件就更別說了。你可以選擇要不要幸福，而且，這是你必須練習的選擇，即便身在混沌與雜亂當中時亦然。「真的嗎？」法則的重點，是助你在這過程中的每一步都有力量、發揮潛能，給你更多的空間，讓你好好呼吸並活在當下，同時建構出一套更有用的架構與新的思維過程，以面對新的科技。

設計空間，迎接更幸福的未來

感謝科技，讓我們能夠四海一家，瞬間可雲遊各處，不受疆域與空間限制。有些人在辦公室工作，有些人在家裡工作，有些人則在共同工作空間、甚至咖啡店工作。我們在朦朧不可見的網路「雲端」優游來去，我們所擁有的物品，有一半在實體世界，另一半則在有點虛擬的世界裡。隨著生活、工作與學習的各個場所間的界線愈漸模糊，對於現代的幸福是什麼模樣，我們也必須重新調整概念。

在《這一生的幸福計劃》（*The How of Happiness*）書裡，知名的正向心理學家索妮亞・柳波莫斯基（Sonja Lyubomirsky）指出，人的幸福僅有一成來自外在環境，其餘的九成幸福源自我們對世界的認知。[19]這項開創性的研究意指幸福是一種個人的選擇，而且是一種會大力影響生產力和成就的選擇。然而，我們現在也體會到，自己可以發揮力量影響這個選擇，帶動更多正向的行為。當我們在研究如何設計空間以迎接更幸福的未來，要怎樣利用環境以帶動成長與強化幸福感，很值得深思。

我先生在大學時協助進行一項很有意思的研究，檢視豐富的環境對於亨丁頓舞蹈症（Huntington's disease）的病患有何影響。經基因改造以模擬亨丁頓舞蹈症患者的小鼠，會接受為期十二個星期的追蹤。一半的小鼠被放在豐富的環境下（有迷宮、各種活動、刺激），另一半則否。正如之前的研究預期，在豐富環境下的小鼠跑得比較快而且行動更聰明，但我先生所屬的研究團隊則更進一步，把身處豐富環境下的小鼠大腦剖開（很噁心，我懂）。解剖後他們發現，豐富環境中的小鼠大腦在**細胞層次**發生了根本性的變化：牠們腦部的病理蛋白存量較低。較豐富的環境實際上延緩了亨丁頓舞蹈症的病程，這是一項開創性的結果，證明了環境具備強大的力量影響大腦（以及行為）。[20, 21]我最愛這項研究的一個部分，是它指出光是改變環境十二個星期，就能引發大腦的結構性改變，導引出更好的表現！接下來，我要和你分享一些實用的策略，讓你了解如何豐富生活、工作與學習的環境，以創造更大的幸福與更高的生產力。

生活的所在

中學時，我的父母都在做全職工作，因此，放學後我會和哥哥一起回家，自己進屋。丟下書包後，我們會去找點心，在沙發上坐下來，當然也順便扭開電視。我們必須迅速完成所有動作，因為卡通《傑森一家》（*The Jetsons*）的播出時間是下午四點整（那時候還沒有數位錄影機）。雖然我們早就知道每一集在演什麼，但仍阻止不了自己一看再看……一直等到我們聽到車庫門打開為止。我們會以軍人般的精準，跳下沙發並迅速行動，關掉電視，擺好靠枕，甚至四處輕揮除塵撣，營造我們做了些家事的假象。但是，無一例外的是，爸爸走進來後會看到老式的類比電視上仍遺留《傑森一家》的殘影，把我們逮個正著。

如果那時候我能向父親解釋我是在做研究，因為有一天我會寫一本關於未來的書，那就好了（我等不及本書出版後要把一本送到他手裡，以茲證明）。那時候的我並不知道，如今的政治、社會與商界領導者也都在家裡一看再看《傑森一家》，對未來形成一種集體的願景。

《傑森一家》於一九六三年首播，時值冷戰剛結束，美國太空總署（NASA）也才成立（一九五八年成立）不久。當時美國人對於未來既樂觀又擔心，帶動了日後所謂的「未來主義黃金時代」（Golden Age of Futurism）。那個時代，到處都有以藝術表現的科技烏托邦之夢，呈現未來的生活。[22]丹尼．格雷登（Danny Graydon）是一位主要在倫敦生活的作家，寫過《傑森一家》的官方指引，他說：「這部影片（指《傑森一家》）恰好出現在美國重新懷抱希望的時期：一九六〇年代初期，美國大致上還未投入越戰，當時主政的是甘迺迪（Kennedy）。因此，抱持誠實良善價值觀、努力奮鬥邁向未來的核心小家庭，極具吸引力。我認為，這呼應了當時美國文化的思潮。」二十年後，《傑森一家》以彩色版重播，讓另一代人（包括我）看到這部卡通如何設想不太遙遠的未來。

其他藝術家也對未來主義深深著迷。一九五七年，藝術家亞瑟．拉德博（Arthur Radebaugh）創作了一套由各報刊載的聯播漫畫系列《近乎想像》（*Closer Than We Think*），主打噴射背包、食物丸、飛天汽車等等。[23]同年，迪士尼樂園（Disneyland）引進了「孟山都未來之家」（Monsanto House of the Future），這是一棟獨立建築，有著太空船風格的流線外觀，完全以塑膠製成。未來之家配有摩登家具及太空時代的電器（如微波爐），設計師預言在千禧年之前所有配置將成為現實。神奇的是，《傑森一家》、拉德博，以及迪士尼都精準描繪出現代的我們司空見慣的科技，包括平面電視、視訊電話、互動式新聞、語音播報鬧鐘，甚至提及可以串流撥放內容的手錶。[24]

這些描繪未來的藝術究竟是創造一個自我實現的預言，或是他們確實超越時代，很難說分明。我們可能永遠也無法回答這種蛋生雞、雞生蛋的問題，但我們確實知道科技革命正在從根本面改變人們生活的環境。

我們的家

去年夏天我才發現，迪士尼世界早已拆除孟山都未來之家，當時我非常震驚。如今「我們的家」顯然已經追上未來，「聰明」程度前所未見。從照明、窗簾、保全到游泳池，全都可以靠著手指智慧型手機上的按鍵輕鬆控制，接下來可能是什麼呢？請做好準備，迎接超高速時代的來臨，因為據說迪士尼最新版本的未來將會是一趟太空船虛擬實境之旅：具體來說，是「千年鷹號」（Millennium Falcon）宇宙飛船。[25]迪士尼這趟旅程的目的並非為了更新未來之家（事實上，這是《星際大戰》〔*Star Wars*〕主題樂園的一部分），而是讓我們一窺由人類和機器構成的銀河星際生活，持續拓展人們的想像力。我們或許會愛上短暫的沉浸式體驗，但真心希望未來就是這副模樣嗎？要再過多久，我們真的會從《星際大戰》裡英俊的真人飛船駕駛員韓索羅（Han Solo）變身，化為《瓦力》（*WALL-E*）電影中住在太空船裡步態遲緩的機器人？

有趣的是，一九五〇年代我的父母首次探訪孟山都未來之家時也有同樣的心情。當時，他們倆人都還是住在加州安納翰市（Anaheim）的青少年，在迪士尼打工。我媽媽是遊樂設施操作人員，我爸爸則負責賣冰淇淋，他很樂於向任何路過的公主擠眉弄眼，只為了賣支冰淇淋給她們。當我問起他們對於孟山都未來之家的印象時，兩人都提到雖然他們去迪士尼不下幾百次，但未來之家只去過一、兩次。他們說，孟山都未來之家是很迷人，但裡面的一切看來摩登而乏味，缺乏色彩與活力。就像許多遊客一樣，我的父母只想一窺未來，但無意真的在那裡生活。

然而，如今我們生活的居家環境都配有孟山都未來之家主打的新奇裝置（比方說微波爐），而且，多數人都無法想像現在若少了這些裝備要怎麼生活。很快的，我們家中將塞滿前人無法想像的新一代設備。因緣際會之下，我有幸參觀米蘭二〇一五年世界博覽會的「未來廚房」，其特色是令人歎為觀止的科技，比方說冰箱會判讀你的指紋，根據你的個人健康數據推薦飲食；食品儲藏室會告訴你哪些雜貨的儲量低，好讓你及早補充以利遵守飲食控制計畫。我甚至試戴「Oculus」虛擬實境頭戴裝置，徹底暢遊虛擬世界，從中學到廚房裡的每一種食物如何在農場或海洋裡種植、孕育出來。

未來的居家環境將無縫整合數位與實體世界，透過無線網路把所有設備連接起來，全部組成一個瘋狂大網路，牽引著我們的生活，這就是「物聯網」（Internet of Things）。這樣的大轉變所憑據的概念，是要整合環境中的各種任務與資訊並設計成自動執行，以利增進人們的安全、節省精力並減少焦慮。舉例來說，蘋果公司推出新居家（Home）應用程式，便號稱能夠讓用戶「如同指揮幻想曲交響樂一般，從單一地點就能操控各種智慧型裝備，包括智慧型門鈴與門鎖、中央空調、照明、除濕機與娛樂系統。」[26]你出門時是否忘了鎖門？不要擔心，智慧居家程式會在你離開時鎖門、關燈，甚至還會調整中央空調以節省能源成本。還有，如果有人敲門，你甚至可以透過「視訊門鈴」（Ring Video doorbell）從遠端應門，看到來者何人並與客人交談。

智慧型居家聽起來確實好又有用，但說到底，我真心想要的，是一個聰明又**幸福**的家。擁有更多裝置、更多條連接線與更多的應用程式，並不是答案。我希望的是能整合各種裝置，而且希望現有的裝置就可以讓人生更美好，還能靜悄悄地在幕後順暢運作，讓我完全不需操心。

最讓人幸福的地方，是大家不僅靠著實體線路連在一起，連深刻的個人與情感迴路也彼此相通。也因此，雖然我同意在某些時候、某些地方要把插頭拔掉，透過面對面接觸重建關係，但也認為可以想方設法善用家中現有科技來提升參與感和幸福程度。我鼓勵你避免與科技末日論者同路，因為我看不出來人真的可以揚棄科技，也不認為必須擺脫科技才能找到幸福，反之，我們可以重新思考，看看如何以科技為核心來和彼此互動。舉例來說，如果你的家人多半都在電視機前相聚，你可以把螢幕保護程式的畫面設成循環播放家庭照片，當成一種共同的日誌，藉此營造機會一起重新體驗生命中意義重大的經驗。或者，如果家中每一個人都已熟用社交媒體，你可以善用Instagram或臉書分享對家庭的感恩，共同訓練彼此的大腦更加樂觀，並利用客製化的主題標籤（hashtag）長期追蹤你提出的想法（例如#happyblanksons）。以追求更大的幸福為目的來設計居家，不一定會很複雜或耗費金錢，這只代表你要謹慎思考並懷抱特定目的，了解哪些因素最能讓你的環境變得更有意義。

我們的社群

實體空間會衝擊人類的生活，空間裡的文化聯繫同樣影響深遠，甚至有過之而無不及，最了解這一點的，莫過於國際性住屋慈善機構仁人家園（Habitat for Humanity）。仁人家園有一幅未來願景：每一個人都應該要有地方住。自一九七六年由美國總統吉米・卡特（Jimmy Carter）創辦以來，仁人家園與志工合作，共同在全球打造出超過八十萬個家。當我們在為

「歐普拉談幸福」的電子學習課程系列拍攝影片時，我有幸和仁人家園的執行長強納森・瑞克佛（Jonathan Reckford）會談，以了解他帶領的機構為何如此成功。他解釋仁人家園的焦點不僅在於建造房子，更要打造幸福的**棲地**。打個比方，如果一隻河狸在繁忙的高速公路上築巢，結果會很慘。河狸需要的是一整套欣欣向榮的生態體系，包括一條安全的河流、大量的樹枝和食物供給來源。同樣的，仁人家園也設法打造這樣的生態體系，以滿足貧窮的家庭所需，同時嘉惠新建房屋所在的整個社區。仁人家園的未來屋主必須付出四百小時的「汗水股權」，打造自己的新家及鄰近地區其他家庭的家。社區裡幫忙建造房舍的志工也會和這些貧窮家庭並肩奮鬥。仁人家園甚至還特意把白領階級拉回到這項使命當中。每天，坐辦公室的仁人家園職員下班時，就會看到電梯內的標語寫著：「謝謝你的努力，今晚又多了四百八十一個人有地方睡。」

仁人家園的模式很有效，大可打造社群以利未來追求幸福，但我們也有機會在自己的鄰里營造緊密相連的文化。公民科技（civic technology）是一個新領域，努力推動上述任務，其目的在於借用數位工具來追求公益。[27]如果我們真心想要塑造未來的生活空間，而不只是以觀光客的心態遠觀，反而該在當下擁抱這個機會的精神，特意營造有益的社群。我在下一節會詳談你要如何成為帶動正面改變的覺醒改革者，並藉此來形塑我們生活的環境。

工作的所在

Google效應

免費的壽司、舒服的按摩，以及在陽光下打個長長的盹兒並不能保障幸福，但確實有幫助。這也正是Google的理念：這家企業的主要目標是「創造世界上最幸福、最有生產力的職場」。

二〇〇五年，Google的高階主管賴瑞·佩吉（Larry Page）求教建築師克萊夫·威金森（Clive Wilkinson），打算重新設計位在矽谷的Google園區。威金森堅持的信念是：「隔間式辦公室最糟糕，根本與養雞場無異。這種安排既羞辱人、藐視人權又造成疏離。」威金森和團隊說服Google放棄傳統的小隔間式辦公室設計，變成更有彈性且更創新的職場，以契合他們的整體品牌，最後的成果大家都看到了。Google如今以其充滿樂趣的工作職場聞名，園區裡有碰碰車台及可撥打視訊電話的紅色電話亭，藏在彩繪大型骰子裡面的視訊會議工作站、連接不同樓層的管狀滑梯，以及其他；我說的「其他」，指的是按摩室、三角鋼琴，以及繡眉和瑜珈課等等免費服務。[28]喔，對了，你還可以免費壽司吃到飽。

二〇一四年，我因為接下一件顧問專案而首度拜訪Google的山景園區（Mountain View

campus）。我已經知道那裡有什麼，但路經許多微型廚房時仍忍不住垂涎三尺；這些微型廚房的位置分布極具策略性：散布在園區各處，每三十公尺之內就可以找到新鮮、健康的零食。午餐後，我騎上一輛Google的免費腳踏車四處巡遊，看到游泳池內有好多員工在玩「馬可波羅」遊戲（game of Marco Polo；譯註：一種類似台灣鬼抓人的遊戲，當鬼的人蒙起眼睛喊「馬可」，其他人必須回應「波羅」，由鬼聽聲辨位抓人）。難怪Google的員工這麼幸福！

如果你是在傳統辦公室裡工作的人，可能會懷疑這種地方能做多少事。但是，替Google、臉書、Dropbox和Lumosity等企業設計辦公室的蘿倫・潔芮米亞（Lauren Geremia）指出，這些企業明白「人才不可少，他們把企業的成功和員工在職場裡的幸福程度連在一起。」Google的辦公室「經驗」向來拿來與大學宿舍相比擬，但酷炫家具及令人驚艷的便利設施背後蘊藏了組織的理念：職場可以、也應該是一個能激發靈感、鼓舞人心的地方。**有趣的建築物很棒，但裡面的內容更重要。**

Google人力營運部資深副總裁拉茲洛・博克（Laszlo Bock）清楚明白，Google雖能在一開始讓人大讚「哇！」，但這股效應不足以維繫員工的長期敬業程度。他說：「Google的新人一開始充滿樂觀與熱情並不讓人意外，但是一般而言，熱情多半會隨著時間過去而慢慢消退。我常開玩笑地要他們做好準備，因為未來不會像第一天上班時這麼快樂，接下來就開始走下坡了！你可能也從自己的工作中感受到這一點：第一天超棒，第一千零一天就沒這麼棒了。」[29]博克說的，也就是心理學上的「享樂跑步機」（hedonic treadmill）現象。白話來說，這是指人有一種傾向，就算遭逢重大的正、負面事件衝擊或生活出現重大轉變，之後也會回歸幸福水準的基準線。

部落客席德・芬奇（Sidd Finch）以嘻笑怒罵的手法來描述這樣的經驗：

> 所以，你接下這份好缺，在Google度過了第一個星期。真是太棒了，你覺得自己就像回到大學時代。你在咖啡廳裡遇見新朋友，休息時間騎著單車，還配有各式各樣的設備，比方說麥金塔筆記型電腦、超棒的螢幕和新的手機。「天啊，這真是棒透了。」你這麼想。然後，等到第二個星期，工作來了。你早就知道會有工作，但第一個星期過得太有趣了，以至於你完全把工作拋在腦後。接著，事情就這麼發生了，在你真正開始工作的第一個星期，Google咖啡廳裡的肉桂烘烤脆麥片沒了，這可是你最喜歡的穀物食品。你問廚房工作人員會不會盡快補貨，他們說因為執行長最近又有麩質過敏問題，所以他們不會再提供肉桂烘烤脆麥片。你會進來Google工作可不是為了免費的穀片，所以這沒差。這沒什麼大不了，但Google在你的評價中又下降了一級。[30]

我對於「哇！效應」（wow-effect）能持續多久深感好奇，二〇一四年時和Google人資專員亞力士．強森（Alex Chanson）合作一項研究專案，他的任務是引導Google新人就任。強森告訴我，許多Google的新人「常會以為如果他們能在Google找到一份工作，那就能**永遠幸福**」，然而，一旦開始面對現實，這股初期的膨脹心態便很快消退。為了主動減緩這種效應，強森重新設計Google新人的就任導覽計畫，納入感恩與正念等正向心理學的原理。我們兩人合作，設計出一份問卷衡量Google新人接受訓練第一個月的幸福程度，每個星期衡量一次，以追蹤態度與展望上的差異。到第四週的尾聲時，認為Google是一個好職場的新人實際上**增加了八％**。強森說，這樣的訓練似乎能扭轉Google新人的思考流程，從「Google如何讓我快樂」轉為較偏向於「我可以做什麼，以利提高在Google的福祉？」

一項新研究確認了前述的假說；博克最近在《哈佛商業評論》發表的一篇文章中便加以引用，該研究結論指出：「員工的自我認同當中感恩的成分愈高，大致上就愈不會出現工作滿意度隨著任職時間而下降的狀況。這些人比較快樂，快樂的時間也較長。」[31]最近，Google的人力創新實驗室（People Innovation Lab）進一步善用這個概念，啟動一項該公司希望能延續一個世紀之久的研究，目標在於了解幸福如何影響工作，以及工作如何影響幸福。[32]

Google了解，環境可以影響人的幸福，但不能決定幸福。我有一位好友曾任職於一家大型科技公司，這家公司想要安裝連接不同樓層的滑梯、並在開放空間放置乒乓球桌，期望仿效Google的氣氛。但，我的朋友表示，以他在那家公司的經驗來說，那是他待過最惡劣的職場環境之一，因為經理人和員工之間沒有交集。你會喜歡哪一種：寒酸建築物裡正向、敬業的員工，還是雄偉大樓裡士氣低落的員工？（這是一道陷阱題，如果有得選的話，我們都想要美輪美奐建築物裡的出色員工！）

成就企業文化的力量，在每一個個人身上。**無論你是經理還是第一線員工，每一個人都有選擇權，都能透過自己的心態和行動塑造職場。**我們或許不見得永遠能選擇自己的工作時程或優先順序，但還是可以透過一些深具力量的行動，重新取得職場幸福掌控權。

你可以開始身體力行的幸福妙方

1. **有策略地關閉電子設備：**在電子時代，多數雇主預期透過電子郵件、電話、簡訊、即時通或上述所有方式隨時聯繫員工。不斷的溝通轟炸就算沒有產生反效果，也會讓人非常沮喪。完全切斷電子郵件或電話在今日職場環境或許不切實際，但能夠偶爾脫離，即便只是短時間，也有助於提升你的專注力，讓合作成效提高五七％，學習效能提升八八%，並讓社交效能增進四二%。[33]

如果你可有彈性且主管也允許，可以考慮短時間內設定自動回覆郵件，信內明確指明公司裡的某人充當你的職務代理人，並解釋你目前手上進行的工作，同時說明你很快就會回覆（例如：我目前正忙於本專案結案工作，因此暫時無法處理郵件，一個小時之後會回覆）。我之前提過，當尚恩在趕專案期限或者去度假時就會這麼做，此舉能讓團隊安心。你可能會覺得意外的是，很多雇主其實非常高興看到你願意多集中注意力（甚至你的主動告知也會激發他們，他們心裡其實也想這麼做）。

2. **收起你的手機：**除了暫時不管電子郵件之外，你也可以把手機收起來。檢視每一則新進的簡訊、電子郵件或社交媒體提醒不太可能讓你更幸福，而且鐵定不會讓你更有生產力。最近的研究指出，當人在從事認知要求高的任務時，就算手機**僅是放在一旁**，都會降低生產力與注意力。[34]為了聚焦在工作上，請把手機收到視線未及之處（放在包包裡、電腦螢幕後面，或者放進抽屜裡都可以）；若不可行，至少你可以關掉不重要的提醒。你也可以使用抗噪音耳機幫助你專心。

3. **為職場增添意義：**很多人犯的錯誤是，一上班就埋頭苦幹，一直到他們返家才過「真正的人生」。但是，研究指出，做點投資在職場上營造一點私人空間有益幸福與健康，也可提高生產力一五％。[35]耶魯管理學院組織行為學副教授艾美．瑞斯尼斯基（Amy Wrzesniewski）發現，一般而言，與工作建立起更深刻關係的人，工作和人生的滿意度較高。不論你擁有的是辦公室小隔間還是共用的開放空間，花點時間想辦法把你的家庭和職場生活串連起來。你可以利用掛在牆上的照片或藝術作品達到目的，也可以使用能帶著走的物品，如每日行事曆。如果想多替自己打打氣，可以放一盆植物在辦公室，有助於減壓、降血壓，並讓你更專心。[36]

4. **將生活的氣息帶入職場：**想要改變自己對於職場的感受，最好的方法之一是用冥想做為一日之始。冥想，對不同的人而言有不同的意義，但就這項練習的目的來說，我的建議如下：進到辦公室時先花兩分鐘閉上眼睛，屏氣凝神專注呼氣和吸氣，然後再打開電腦。騰出幾分鐘靜默並專注於呼吸，不僅能轉變你對工作的想法，也有助於提升準確度（根據某些測試指出，差距約為一成）、促進幸福程度，還可降低團隊中其他成員的壓力（雖然他們並沒有做冥想練習）。[37]這段在一日之始的安靜時刻能讓你靜心，使你懷著特定的目的開始工作，不用一早就帶著「今天我應該先去哪裡救火」的心情上班。

午休結束後也可以這麼做（休息一下、外出用餐會比日復一日在辦公桌上吃飯好，就算只是在公司附近走一走，走到戶外、離開科技與工作都能增進幸福程度）。打破在辦公桌上吃午餐、為了完成專案加班加到錯過晚餐的文化，這絕非易事！我們必須有意地放棄父母、老師以及主管教我們的習慣。就算你所在的職場仍秉持沒有功勞也要苦勞的信條，你也必須做出微小（而且法律容許！）的改變，花個十五分鐘去外面吃個飯，或者至少要離開辦公桌，還有，你每天早上都要先好好呼吸兩分鐘，再開始救火。

5. **營造彼此緊緊相繫的文化：**講到職場午餐習慣，你一定不相信我認識的人當中有多少人每天獨自用餐。在《哈佛最受歡迎的快樂工作學》中，尚恩提到社交支持是預測長期幸福最有力的指標之一。我最愛的統計證據之一，是社會支持能預測你的預期壽命，預測效度和肥胖、高血壓，以及吸菸一樣強。哇！有些人說，他們的職場環境沒有提供大家一起用餐的地方，或是他們要快快用餐、好爭取下午早一點下班回家，然而，在職場上無法與人建立關係因而忿忿不平的，也正是這一群人。

許多雇主都明白，參與度高的敬業員工很重要，於是他們開始在年度調查問卷中詢問員工得到多少社會支援。然而，在好思維公司，我們決定另闢蹊徑，研究一下如果反轉問題會怎樣。我們不問員工獲得多少支援，反而開始詢問員工以下問題：同事的工作進度落後時你如何提供協助？你會主動提供社交支持嗎？別人會認為你是可以交談的對象嗎？請幾千名員工填寫這份問卷之後，我們發現願意為他人提供社會支持的員工，在工作上的敬業度高了十倍，獲得他人也以社會支援回報的機率則高了四成。

如果你希望營造緊緊相繫的文化，事在人為，由你決定如何做。你可以開始訂出下班後的歡樂時光、邀請同事共進午餐，或是練習和同一棟大樓裡的人打招呼。這些簡單的方法是營造緊密企業文化的基礎，最終會影響有助於促成職場未來幸福的社會規範。還有，包括最基層的人在內，任何人都可以練習養成這些習慣。

如果你是主管……

雖然要為自身職場幸福負責的人終究是員工本人，但主管可以影響企業文化，滋養出為員工創造最大幸福的職場環境。多年來，企業根據階級來分配辦公室：在以往，如果你分到有觀景窗的角落大辦公室，你就知道你成功了。但現代的員工會質疑：如果你從沒時間看一看窗外，促使你源源不絕提出創意思考的美麗風景對你也無益，那麼，有著大面落地窗的豪華辦公室又有何用？

建築師威金森相信，在職場空間設計這方面，太多美國企業都要趕緊追上Google這類公司的腳步。《今日管理》（*Management Today*）雜誌做了一項調查，發現九四％的受訪者認為職場是一種象徵，代表雇主是否重視他們，但僅有三九％的受訪者認為他們的辦公室在設計時有把員工放在心上。二五％的美國白領階級基本上認為自己待的辦公室很糟糕、令人沮喪。[38]威金森補充道：「我們工作的方式正在改變，但太常見的情況是習慣並未跟著變。如果希望員工用不同的方法工作，就需要幫助他們完成過渡轉型。」[39]

波士頓社會指標解決方案公司（Sociometric Solutions）創辦人班・韋伯（Ben Waber）指出：「在軟體業等複雜度較高的產業裡，帶動績效的最重要因素之一，是偶遇互動（serendipitous interaction）。要促成這類互動，你還需要塑造整個社群，當某個員工覺得壓力大時可以找到人幫忙、找到人填補他的鬆懈。如果身邊都是朋友，員工會比較快樂、忠誠，且較有生產力。Google從全面性的觀點來看待這件事，他們的模式違反舊式工廠模式理論；在工廠裡，每個人都是大機器裡的一顆小齒輪。」

所謂「好的企業文化」雖然尚無放諸四海皆準的標準，但無可否認的，職場設計在影響與形塑員工行為上確有其作用。不見得每一家公司都可以或想要成為Google，但若有公司希望能用最快速的方式帶動企業文化變革，以下有一些極有助於提高員工福祉的頂級策略，任何規模的企業都可以成功複製：

你可以開始身體力行的幸福妙方

1. **促成可碰撞出火花的空間**：重新安排辦公室的家具配置，鼓勵會計部門的人多多經過法務部門。在各個出入口掛上標語，鼓勵員工走大門。僅是改變辦公室的平面配置或辦公桌的擺放方式，就可以增加偶遇的機會，大大影響辦公室裡的溝通流動。在最近一項研究中，英國辦公室協會（British Council for Offices）做了調查，其中六成的受訪者表示，非傳統的職場空間提升了他們的生產力。[40]建築師暨設計師大衛・洛克威爾（David Rockwell）向《彭博商業週刊》（*Bloomberg Businessweek*）表示，他藉由在辦公空間裡設計出「由活動匯聚出的河流」來促成不期而遇的互動，他建議企業應該要「拓寬走道並在盡頭放點獎品……如果你想鼓勵辦公室多一點自由流動，可設置某種意義上的地標。傳統上會放飲水機，也有可能是時鐘，但以現在來說，可以改成會議室就好。」[41]彈性的會議場所可成為促成巧遇互動的空間。有一點讓辦公室設計師潔芮米亞深感自豪，那就是她設計出大量可促進協作的空間，可滿足必要需求。有一間以上的會議室或聚會區，能讓員工很容易碰個頭、一起工作。

2. **為了員工的福祉進行投資**：這聽起來理所當然，但就像我哥哥常說的：「有常識不見得有行動。」若能在辦公室提供健康的食物，刺激員工在辦公室裡多起身走動與提供舒適的座椅，企業長期下來反而可以節省醫療保健的支出。而且，一般而言，較健康的員工較幸福，最棒的是，他們的生產力也比較高。[42]亞歷山大．哈斯拉姆（Alex Haslam）解釋：「辦公室設計不僅決定了員工會不會腰痠背痛，也有潛力影響員工能完成多少工作、他們有多積極主動，以及他們的整體專業滿意度……這些因素對於任何規模的企業都大有影響力，但雇主很少從管理空間的角度來思考心理後果。多關注員工的需求，可以用最低的成本來提升福祉與滿意度。」[43]

康健人壽（Cigna）想到了這一點，決定用創新的方法來處理員工福祉問題，利用非常熱門的康健減壓神器（Cigna Relaxation Pod）推出「在公司度假兩分鐘」。[44]公司邀請員工坐進一張舒適的蛋型椅，戴上虛擬實境頭盔「Oculus」，讓自己沉浸在兩分鐘的引導式冥想之中，讓心靈減壓並平靜下來，之後再回去工作。如果你沒有這麼高的預算，可以想一想如何在辦公室裡用低成本的方式自己動手做。

3. **營造深富創意的空間**：簡單來說，如果你希望員工更創新，就要先使他們的工作空間充滿創意。這可能意味著要用一些五彩繽紛的抱枕取代辦公桌椅，或是以明亮又富巧趣的檯燈來取代慘淡的天花板燈。要不然，你也可以遵行德勤（Deloitte）的「辦公桌輪用」（hot-desking）模式，只有在需要時才使用辦公桌。德勤為二千五百名員工準備一千張辦公桌，另外提供舒適的躺椅或咖啡吧，供需要的員工使用。這種「het nieuwe werken」（德文，意為「新工作方式」）理念，用意是要讓員工離開固定的地點與僵固的思維，鼓勵建立新的關係並促進偶遇的互動，還有，同樣重要的是，要提高空間的使用效率。[45]

4.**表彰員工最出色的想法**：以大家都看得到的方式凸顯員工的工作表現，有助於鼓勵其他員工追求認同。由槙文彥（Fumihiko Maki）設計的麻省理工學院媒體實驗室設施，便大力發揚這個想法，把原本充滿工業風、重科技成分的空間，變成宛如博物館般的明亮公共展示空間，人們可以在這裡看到未來就在眼前，其目標是營造出最高的透明度，以利更多的協作、競爭、創新與自由化。[46]最近剛剛離開媒體實驗室的迪米特里斯・帕帕尼科拉烏（Dimitris Papanikolaou）便說了：「媒體實驗室是一個由激進創意與非傳統學習構成的大型蜂巢，讓概念、人才、科技與技術齊聚一堂，以協作的方式實踐最瘋狂的專案。由於這裡素來以打破學科疆界聞名，有時候會讓人覺得此處是一架科幻小說裡的太空船，有時候像是亂糟糟的幼稚園，偶爾也像是一座純粹的博物館。」[47]

學習的所在

想像一下，在未來的學校裡，學生全心沉醉在課程當中。如果在你的想像中，學生全端坐在教室裡，請再想一想。「在下一個世紀，我們所知的學校將不再存在。」一份主要在澳洲墨爾本發行的刊物《世紀》（*The Age*）中一篇專題報導如是說，「取而代之的將會是各種社群風格的中心，二十四小時全年無休。」如果你想破頭也很難想像這樣的轉型，你並不孤單。然而，澳洲教育部已經付諸行動，決定打造一所名為海岸小學（Seashore Primary School）的虛擬學校，以模擬上述概念的實際運作狀況。[48]海岸小學的代理校長說：「（科技）已經改變重點，現在強調的是孩子的學習，而不是如何教孩子。」

蜜雪兒・蘿絲・吉兒曼（Michelle Rose Gilman）是富信學院（Fusion Academy）創辦人，她非常同意上述說法。一九八九年時，吉兒曼是創意教育工作者，滿懷熱情想改造世界。然而，當她開始執教鞭，很快就因為學校裡人力不足、資金短缺與衝勁不夠而萬分氣餒。她看到學生因為生活中的情緒和社交面被忽略而陷入泥淖，無法成長茁壯。因此，她開始啟動一套最初為輔導教導的模式，後來慢慢壯大為富信學院，「這是革命性的學習社群，在這裡，正向的關係和一對一的課堂會釋放每一位學生身上的學術潛力，並營造促進情緒與社交成長的機會。」富信學院是一套由受認可的私立國高中組成的網絡，專教六到十二年級，提供自定步調的課程與客製化的教材，滿足每一位學生的興趣、優勢、挑戰與學習風格。

一對一的富信模式是特意設計以滿足獨特學習風格的需求，並非通用的解決方案，但由學生驅動學習的概念正在流行。全球數位公民基金會（Global Digital Citizen Foundation）這類機構目前正在積極協作，收集最佳實務操作，並將各種概念傳播給各國的教育工作者，協助他們在自己的學校與教室裡發展出現代的學習環境，導引學生把學習與培養批判性思考當成自己的事；批判性思考是成長和獨立的重要關鍵。

設計「學習的棲地」，中心概念是要提供彈性空間以利學習與高度協作。正如同傳統的隔間室辦公室已經轉向共同工作的空間，一排排的課桌也變成行動教室，由不同的老師輪番上陣。我還記得，我拜訪X獎基金會時，曾看過一部遠距工作站在辦公室裡快速穿梭：這基本上是一部裝在輪子上的自我推進電腦，由遠在世界另一端的某個人控制，此人正在「拜訪」這裡的辦公室，以討論一項專案的協作事宜。幾個月後，我去參觀耶魯管理學院一棟名為伊文斯大樓（Evans Hall）的先進建築，也看到類似的設備；唯一的差異，是這裡的學生必須和全球其他商學院的學生合作完成各項計畫，以學習如何在全球化的經濟體裡遨遊。

不管現在或未來，教室裡最棒的科技永遠都是由真人擔任的老師，但科技確實能擴大人與

人之間強而有力的聯繫。遠端學習讓學生得以受教於某些世界上最出色的老師。舉例來說，耶魯大學現在免費為一般大眾提供「耶魯線上」（Yale Online）課程，讓大家可以接觸到世界級的教師，涵蓋主題從有機化學、賽局理論到現代詩（請上https://www.coursera.org/yale）。其他大專院校也快速轉向這樣的模式，提供前所未見的機會，與世界分享各類學習主題與教師。

科技也能促成同儕之間的學習。美國軍方設置一套醫學次專科線上網路，協助駐守如偏僻離島、潛水艇或外國的醫生等孤身一人的醫療照護提供者。透過這套網路，這些孤立的醫療照護提供者可以發送問題給大型醫學中心的同儕，尋求醫療建議與及時協助，順利拯救人命。

科技能為所有學生創造出更多的學習機會，也讓真人教師能做更多事。以我丈夫波波的軍醫訓練方案來說，醫師演練緊急情境時用的是極為真實的人體模型，有心跳、脈搏、肺音，甚至還有靜脈可做靜脈注射。操作無線主機板的真人教師可以隨時改變這些特質，以模擬不同的情境。

從教學面來說，各家研究公司現在可提供即時生物指標回饋，以利教師或講者琢磨他們要講授的內容與風格。舉例來說，生物指標回饋科技可以告訴我們聽眾是否投入，他們的眼神是否與講者四目相交，哪些故事引起最多的訝異或歡笑，以及哪些內容讓聽眾覺得挫折或困惑。

為了解這項科技如何發揮作用，我會晤波士頓愛動實驗室的丹恩．亥倫（Dane Hylen），親自試用這套軟體。愛動實驗室使用簡單的電腦內建攝影機，隨時追蹤我的雙眼注視方向，並準確「判讀」我臉上的情緒。（如果你也想試用這套軟體，可以免費下載「AffdexMe」應用程式來做實驗，看看它如何使用你臉上四萬個不同的資料點來分析你的感受。請上：http://bit.ly/affdexme。）

這套軟體可應用範圍極廣，涵蓋企業培訓、行銷、玩遊戲，以及醫療復健。我先生在大學及就讀醫學院時研究神經退化疾病，他指出，這套軟體或能全面改變帕金森氏症患者體驗周遭世界的方式。帕金森氏症是一種行動失調疾病，病患有時候會很辛苦，因為臉部肌肉會妨礙他們表達諸如快樂、悲傷、幽默和沮喪等等情緒，導致他們覺得自己不被理解，不被接納。想像一下，如果帕金森氏症患者可以利用這套軟體練習歡樂、恐懼與憤怒等臉部反應，那會如何。想像一下，他們與人互動的品質將有多大的改善，將會變得多麼豐富與深刻！

連恩・魏斯（Lane Weiss）是加州薩拉托加聯合學區（Saratoga Union School District）前督察長，他非常了解科技為教室帶來的挑戰與機會。這所公立學校位在矽谷核心地區，教導Google、臉書、蘋果，以及其他大企業高階主管的小孩。他每天都看到小孩黏著溝通裝置不放，但在課堂上卻難以和人溝通，也難表達自我。二〇一三年我第一次見到魏斯，迎接他來好思維公司拜訪；之前他曾在一場研討會上聽到尚恩演講。我還記得，那時我想著：「此人真是號人物！」魏斯熱愛正向心理學、同時也是全心奉獻的教育工作者，他確實會是你見過最快樂的人之一（投身教育界多年後，他仍把這股熱情帶入他所做的每一件事中，包括夏天時**每個星期**為學區辦公室員工舉辦一次烤肉會）。他幾乎無役不與，參與每一場匯聚科技、教育與正向心理學的重要對談：他和英屬哥倫比亞大學（University of British Columbia）合作加入原始研究；他和歌蒂韓基金會（Goldie Hawn Foundation）一起開發／試行「提升心智」（MindUP）系列課表；他協同桃樂西・巴頓基金會（Dorothy Batten Foundation）設計出一套應用程式，以培育青少年的韌性。

在與歌蒂韓基金會合作的諸多專案中，他最鍾愛的一項名為「計程車小狗」（Taxi Dog）：頗受歡迎的童書改編為電視影片，在李瓦・波頓（LeVar Burton）主持的《閱讀彩虹》（*Reading Rainbow*）節目裡播出。「計程車小狗」這個系列用娛樂性影片和互動式玩偶，教導小學生學習社交情緒（自我意識、自我管理、社會意識、人際關係技巧與負責任的決策），同時培養如解決問題、聚焦，以及自我控制等執行功能技能（executive function skill）。[49]「計程車小狗」最重要的部分，是科技、媒體、教育工作者和頂尖研究人員通力合作，以可量化的指標做為這個節目的基底，證明我們可以有效地教授這類技能。在數位時代裡，若要設計最尖端的學習空間，解決方案的重點並不在於地點本身，更偏重的反而是**如何**合作、從每一個專業領域爬梳出知識。

構築隱形的藩籬

我成長於德州，在這裡度過大半的人格形成期，一直到我遇見我先生、婚後開始接觸軍旅生涯。可能大家都聽過，德州人熱愛自己的家園，而且強力捍衛自家領域到了聲名狼藉的地步。如果你從德州市郊地區空拍，你可能會誤以為這種井然有序的畫面其實是容器小舖（The Container Store，譯註：這是專賣收納與容器的連鎖零售商店，總部在德州）的廣告。因此，你可以想像，當我們搬到維吉尼亞州、發現自己住在一個沒有圍籬的社區時，需要做多大的調適。一戶人家的院子伸進隔壁人家，房子與房子之間僅有除草時留下隱隱約約的線。

起初，這樣的分界方式使我大驚小怪，但，我很快便愛上隨之而來的開放與自由。我們家的狗也是。短短幾星期內，我們家的乖狗開始愈逛愈遠；她特別愛去拜訪鄰人的狗。她很快發現，別人家的狗多半受制於隱形圍籬，將牠們圍在自己的地盤裡，但她並沒有；因此，她會故意穿過隱藏的界線去耍弄其他狗，然後在鄰家小狗追到她之前奔回我們的院子。一開始這很有趣，不過就是好玩嘛！但我們很快就看到她追著郵差跑，嚇到推著娃娃車、毫無設防的媽媽，還跑到很遠的地方回不了家。沒錯，我承認：我們就是**那種**鄰居。

還好，我們會從錯誤中學習。有一句老話說：「好籬笆結交好鄰居」，因此，我火速請人報價安裝隱形圍籬；在施工過程中，我才知道有一件事很妙：多數架起隱形圍籬的人幾乎都沒有啟動過，因為一旦狗知道界線何在，牠們就不會越線。雖然人類比較複雜一些，但我們也可以套用隱形圍籬的原理，針對使用科技劃出有益的疆界，幫助我們避開誘惑、遠離麻煩，長期下來創造更大的幸福。

決定在何處豎立圍籬

設立隱形圍籬最大的挑戰之一，就是要知道該設在哪裡。最近我和一位母親懇談，她飽受同儕的壓力，因為她的友人紛紛要她監看青春期兒子的簡訊。雖然這位母親沒有理由不信任自己的兒子，但朋友們堅信負責任的家長就應該監看小孩的訊息，以免孩子張貼帶有性暗示的內容，或是成為網路掠奪者或網路霸凌的獵物。

有一晚，她使用她的iPad閱讀，剛好遇上作業系統忽然更新，讓她得以從自己的裝置收到兒子的簡訊副本。她私以為這是天意，拯救她無須陷於道德的兩難，猶豫著該不該查看兒子的簡訊。在一次又一次的簡訊通知傳來之後，這位母親終於向誘惑投降，讀起一大串的簡訊。媽媽讀著讀著大吃一驚，因為她看到兒子承認自己明天要考試卻根本還沒念（而且也沒打算念！）。媽媽於是停下來，問丈夫該怎麼辦，而此時兒子也正好拿著他自己的iPhone進房間來，說時遲那時快，iPad和iPhone因為傳來的簡訊而同時響起。在明白發生什麼事之後，兒子質疑起母親。同儕的壓力、為人母的憂慮，以及良知的困境激烈轟炸這位母親，她直視兒子的雙眼，全力否認自己做的事。兒子的臉明顯垮了下來，並走出房間，但他的步伐不夠快，媽媽還是從他臉上看到了受傷和失望。

在那一瞬間，做母親的明白她已經成為一個辜負兒子信任的人。她馬上到他房間道歉。兒子接受了：「我不敢相信你居然在我面前說謊，但我很高興你來跟我談這件事。」針對界線和期望長談一番之後，兩人互相擁抱，之後母親笑著說：「你**要**開始念書準備考試了，對吧？」做兒子的也笑了，他說：「媽，我**一直**在念書，但我可不會讓朋友們知道這件事！」

如何在數位時代善盡父母之責並無劇本，我們每一個人都走得跌跌撞撞，努力建立起能傳達愛並提供框架的界線。不是所有父母運氣都這麼好，都能養出一個值得信任的孩子；也不是所有孩子運氣都這麼好，擁有非常關心他們、看重關係勝過規定的父母。即便如此，我們愈早和彼此明確溝通自己的期望，以及期望落空時的影響，衝突就愈少。

三年前，我女兒就讀的公立學校啟動一項方案，校方會發給每一名四、五年級的學生一部iPad，這是核心教學方案的一環。根據其他家長的反應，方案開始的第一年問題最多，因為學生上課時都用簡訊互相聊天，還抱著手上的裝置熬夜到很晚。但是，到了第三年，學校已經了解要訂下嚴格的界線，限制可以下載的應用程式類型，移除聊天功能，並導引學生完成為期一整個星期的「數位公民」課程，說清楚校方的期待。學生事前都已經知道家長會監看他們的簡訊，所以沒什麼好意外的，自此之後，這套方案大為成功。

要訂出界線，可能要不斷地嘗試錯誤。然而，花時間替自己與他人設下「隱形藩籬」與期待，長期會讓你免於麻煩，並在生活中孕育出更優質的人際關係。

學習新的界線

一旦決定要築起新的圍籬，你要明白你必須嘗試錯誤，還得重複錯好幾次，之後才能劃出清楚的界線。此外，要讓相關人士接受界線，可能還要再等上一段時間。雖然青少年名聲不佳，素來被稱為沉迷於科技的數位原住民（digital natives，意指和科技一起成長的年輕人），但他們使用科技的精通度與敏感度都比我們在同年紀時高太多了。皮尤研究機構網路與美國生活專案（Pew Internet & American Life Project）二〇一三年時做了一次焦點團體討論，有些自我認知比較強烈的青少年指出，他們不喜歡在自己的臉書上看到家中大人頻繁出現、無事不分享，以及貼出讓人充滿壓力的「戲碼」。[50]六成的青少年選擇隱藏個人檔案，七四％的受訪者則樂於解除和大人的好友關係或是封鎖在動態消息之外。

反觀之下，我這一代人（以及我父母那一代）成長過程中不受科技控制，因為我們根本不懂。美國線上（America Online）送出免費的撥接軟體試用光碟片時，我十四歲。有幾天下午放學後不播《傑森一家》，我就會盡情探索數據機如何運作以及「網際網路」到底是什麼。我很快就了解，免費試用網路雖然僅有三十天，但是美國線上好像每個月都會寄新的試用光碟給我。一點點的麻煩，一點點的耐性，再加上震破耳膜的數據機噪音，我就能暢遊網海、瀏覽我心愛的內容，惟速度很慢。請容我說，我在網路上可是什麼都學到了。我的父母全不知情，因為他們也和我一樣正在學習（或者說，還落後我好幾百個百萬位元）。

自此之後，網際網路日漸成熟精緻，但我們對於內容的掌控度卻遠遠落後。我曾和約翰．史帝提斯（John Stix）聊過；他是加拿大其中一家大型電信公司纜網（Fibernetics）的創辦人，他收到愈來愈多要求，要他協助皇家加拿大騎警（Royal Canadian Mounted Police）追蹤網路攻擊者的IP位置。[51]史帝提斯在聽說一名六歲心智障礙的孩子闖進一個成人網站，結果遭到惡劣的罪行與羞辱傷害後，便知道自己應該要出手了。史帝提斯設計出一種名為兒童無線上網器的裝置，讓家長可用簡單、有效率的方法針對不同的家庭成員管理內容和裝置。他說：「你不會放任小孩不戴安全帽騎單車，那麼，為何要讓他們在不受保護的狀況下探索網路？」兒童無線上網器這類防護裝置有助於豎立起新的隱形圍籬，把控制權重新交回到父母手裡；這樣的變化愈早出現愈好。

新一代的父母絕對更清楚科技的誘惑與危險；就算我們不曾替自己設下界線，也明白設限對孩子們來說很重要。我們要辨別哪些應用程式有助於鍛鍊孩子的心智，哪些又教給孩子我們不樂見的行為；我們要知道孩子們何時衝出幸福懸崖，也因此，我們要了解何時該把裝置關掉（是否能確實做到又是另一個問題）。如果希望在科技上跑在孩子前面，我們必須主動擁抱與檢測他們使用的程式；這麼做還有附帶好處，那就是我們以擁有相同的經驗與語言，幫助他們面對變化萬千的世界。

知道自己何時越了線

有時候，裝置設備變成我們的電子版分身，一旦失聯，會害得我們出現分離焦慮。我還記得上商學院時，我第一次看到筆記型電腦螢幕一片黑的心情：我覺得自己經歷了失去摯愛的悲痛七階段。如果你認識當時的我，會以為我家被燒個精光。失去學校裡的所有筆記和專案內容讓我很生氣，但最強烈的情緒是悲傷，因為我電腦裡的照片全消失了，那些照片對我而言極為珍貴。從短暫的消沉中爬出來後，我成了一個學會要把最重要檔案備份三次的人，而且我也不再買市面上最便宜的筆記型電腦。

回顧那一次經驗，我體悟到自己一開始對於損失產生這麼大的情緒反應可以理解，但無法接受。我並不希望沒有生命的機器對我有這麼大的影響力，而我必須做點什麼事。設定科技的用量限制不僅對生產力而言極為重要，對健康來說亦如是。沒人比李維・菲利斯（Levi Felix）更清楚這一點了；年僅二十四歲的他，已經為珍妮佛・羅佩茲（Jennifer Lopez）、珍妮・麥卡錫（Jenny McCarthy）、美國退休人員協會（AARP）、救助兒童會（Save the Children），以及J. K.羅琳（J. K. Rowling）等機構或名人打造過數位策略與內容。在追求成功的熱情與幹勁驅使之下，菲利斯後來因內出血進了醫院，肇因是他所謂的「引發社交性、創業性與科技性過勞的完美清單：一星期工作七十小時、飽受壓力，而且睡在辦公室。」在身體失去六七%的血液、面臨生死關頭後，菲利斯決定離開自己夢寐以求的工作，暫時休息。他丟掉數位裝置，換上後背包，賣掉擁有的一切，和一個朋友一起去環遊世界。兩年、十二個國家，再加上後來一次長達十天的靜默閉關，他們回來創辦了關機營（Camp Grounded），在這裡「所有大人都要關機、抽離，再一次成為孩子。」他們舉辦的營隊期間從一天到一星期不等，營地裡設置了五十幾處玩樂小舖，用來激發你的創意與內在的喜悅。

關機營聽起來雖然很棒，但只是短期的調整。我認為脫離科技長期來說並非妥善的解決方案，也認為多數人都無法做到！拋開裝置一個星期，有時候在實務上並不可行，或者也不建議這麼做。對於醫生等專業人士來說，有沒有電話可用會決定生死。或者，對身為單親的人而言，在緊急情況下，長時間無法使用裝置也可能導致死亡事件，或者至少會很危險。至於真心渴望暫時脫離科技的人，我確實認為關機營這類活動有助於喘一口氣，幫助我們面對衝動控制的問題，並提升我們對於人生的敏感度。但，就像我在前文提及，**我主張科技並非毒藥，不一定要排除在體系之外；科技是一種工具，而且是一種我們必須學著以更高效善用的工具**。

我想像著，很久以前，當人類第一次發明輪子，當時也出現過類似的創意大爆發，各種新構想和可能性推陳出新。萬事萬物底下裝上了輪子，永久改變了地貌。沒錯，我在猜，發明輪擋之前，有些東西也滾到了懸崖邊，引發了一些混亂。但，原始人不需要暫時擺脫輪子靜一靜，也沒有人重提要回到發明輪子之前的「美好舊日時光」。反之，他們學著用更好的辦法平衡輪子，也讓輪子成為向前邁進的人類生活當中的一部分。

我在想，如果我們檢視人類科技癮頭日漸嚴重的根本面，會發現其中有一個大家心知肚明卻無人要去面對的議題。這個議題就是，在前所未有的不斷線時代，我們並不知道如何劃出界線。我們或許急著逃開周末時也不忘寄送電子郵件的主管、三不五時就傳簡訊過來的朋友，或者是收件匣裡不斷提醒著我們進度落後多少的通知。我們把電子設備擬人化，將之比喻成追逐著我們的對手，但，到底是什麼原因引發我們想要逃離裝置的根本衝動？這個問題很值得深思。身為人生導師的克兒西．哈特．布洛克（Kelci Hart Brock）鼓勵我們去追尋行為觸發因素背後的恐懼。你擔心不回簡訊會讓對方失望嗎？你把電子郵件當成避免面對面對質的工具嗎？你是因為「害怕錯過症」（fear of missing out，FOMO；這是新發明的詞，用來指稱人因為擔心錯過有趣的訊息而不斷更新電子媒體）才這麼努力查閱社交媒體嗎？知道誘發自身行為的根源，是重新奪回科技掌控權的第一步。

策略性擺脫裝置

我從星巴克走出來時，再一次看起來像殭屍。我在筆記型電腦前聚精會神工作了好幾個小時，又病又累地盯著螢幕，回覆永遠川流不息的電子郵件。我瞇起雙眼，以適應德州燦爛的陽光，一邊胡亂摸索著找車鑰匙，一隻手不太穩地抓著一杯星冰樂，另一隻手則夾著筆記型電腦。我不太確定究竟是因為天氣熱還是咖啡因讓我看到海市蜃樓，但我預見筆記型電腦以慢動作滑下我的手臂，在水泥地上摔個粉碎。有那麼一秒我覺得鬆了一口氣，甚至還蠻開心的，因為我成為這場華麗敵我對決中的勝利者。但之後我馬上想到，如果這種事如實發生的話，我會損失多少的照片、構想，還有，沒錯，我的工作檔案，於是我更緊抓著電腦不放。

我在恍惚之中開車回家，舉步維艱地進了家門，把電腦包安放在最近的椅子上。這時發現，我不是唯一「因為科技而發神經的人」。我其中一個漂亮、伶俐的女兒雙眼呆滯地坐在沙發上看網飛（Netflix）的節目，另一個坐在她身邊，心不在焉地玩著iPad，第三個則躺在懶骨頭上，用她的iPad閱讀語文科回家作業，表情木然（難怪賈伯斯從不讓他自己的小孩玩這些裝置！）。在此同時，我先生坐在餐桌旁，忙著在他的個人電腦上打字，用臉頰和下巴夾著手機，一臉嚴肅。

沒有人發現我的存在，此時我看到餐桌旁有一個插頭，於是我把筆記型電腦拿出來充電。在這整個迴路中，幸福在哪裡？

我可以告訴你，當晚接下來那幾個小時我家的情況不太妙，有因為科技而起的爭吵（你知道，當你從殭屍小子手上拿走裝置時，會出現咬牙切齒的表情）；有壞脾氣的父母，還有拖到很晚才上床就寢的問題。事實是，該罵的不是裝置，而是父母的行為（喔，要承認這一點還真痛苦）。為了多偷一點工作時間，我和我先生常在不經意間也用上了數位保母。

我之所以分享生活中的這段小插曲，是因為或許你也能感同身受。我們不能一直緊抓住裝置不放，有時候，我們更需要的是緊緊黏住彼此。近期一項研究發現，孩子確實需要固定切斷裝置，這樣他們才能了解虛擬與真實世界間的明確界線在哪裡。[52]前額葉皮質區（prefrontal cortex）是大腦中控制衝動的區塊，該區域一直要到二十五、六歲才會發展完全，如果年紀比較小、擁有智慧型手機的孩子無法控制衝動、容易成癮，做父母的請不必訝異。[53]事實是，所有人在生活與工作的空間中都需要設定這些界線：走進家門先為電腦充電然後才擁抱先生和孩子，這可不太正常。我們需要學習如何管理裝置，而不是僅想辦法蒙混過去。

我不主張擺脫裝置，但會力行一種我稱之為「策略性關機」的方法。為了向你證明科技是工具而非毒藥，我將要**使用**科技來協助你爭取到更多掌控權以控制科技。我們的目標，是要在懷抱特定目的之下知道何時、何地、為何與如何使用科技，藉此克制自己的衝動。

你可以開始身體力行的幸福妙方

1. **掌握與自己有關的統計數字：**下載「Instant」或「Moment」等應用程式，檢視你每天開啟手機的次數。一般人一天會查閱手機一百五十次。如果每一次干擾要花你一分鐘（這是非常樂觀的估計值），那麼每天就要花二．五個小時在這些令人分心的事物上，一年則是九一二．五個小時，約**三十八天**。你看出問題了嗎？我最近的新發現可能又更擾人：有一家大型電話公司最近給客戶每個月五美元的帳單折扣，前提是他們要去下載一個應用程式，每次開機就會出現跳出式廣告；這會大大增加你分心的時間。知道和自己有關的統計數字可以提高你的認知度，助你事前主動選擇如何分配自己的時間與精力。

2. **知道自己的底線在哪裡：**你不一定非要關機不可，有時候，你只需要知道如何訂下限制與界線，讓你不至於衝出幸福懸崖。我們在策略1中提及，每一種應用程式都受限於邊際報酬率遞減法則，這表示，最好用的應用程式已經被你用過頭了。如果你開始感覺到自己可能正要掉下懸崖，你可以在一路向前衝的同時學會停下來。[54]若想知道你過度使用哪些應用程式，你可以下載「Break Free」，察看自己使用手機與電腦上各種應用程式的頻率有多高。

除了限制手機用量之外，你也可以加點創意，針對生活中其他領域的科技用量設限，比方說晚上完全不碰科技，此舉能增進你白天的生產力，也有助於提振心情。你也可以限制你在推特（Twitter）上要追蹤的人數、購買電子書和有聲書的數量，或是你擁有的應用程式數目。不要因為「害怕錯過症」而什麼都想抓一把，請學著僅採用你真正會用到而且樂在其中的。就像我媽常說的：「你每得到一個新玩具，就要丟掉一個舊的，才有空間容下新的。」我先生波波發現我很順手地弄壞我的iPhone，而且是就在新機型推出之前。**我可是在騰出空間！你們懂的。**

3. **明白自己的弱點：**iPhone用戶可下載「Unplugged」應用程式，如果是安卓（Android）系統則可下載「Offtime」，幫助強化你的意志力，讓你成功放下手機。「Unplugged」應用程式鼓勵你暫時把手機轉成飛航模式，以利更專心與他人相處、建立更優質的關係，而「Offtime」會針對聯絡人設定正面列表，列出你就算放下手機時也想聯繫上的人，例如配偶和孩子，但會封鎖其他的應用程式、來電、簡訊，以及電子郵件。[55]我們知道，光是手機出現在視線所及之處，就算你連碰都沒有碰，都會降低你的生產力，並削弱你與他人建立關係的能力。[56, 57]

韓國最近一項針對四五〇名工人所做的研究發現，在工作中稍事休息、不受手機打擾的人，會比休息時一直拿著手機的人更有活力，也不會覺得在情緒上筋疲力竭，而且不管帶手機的人實際上有沒有使用，都成立！[58]利用午餐時間重新充個電或和朋友聯繫一下感情，是很棒的策略。在《哈佛最受歡迎的快樂工作學》一書中，尚恩提出「二十秒規則」：若想提高生產力，可以試著延後二十秒才去玩手機，通常，在這段時間內大腦會判定你該做的事太多，然後就放棄玩手機這件事。

4. **清楚自己的目的：**下載「Live Intentionally」應用程式，明確寫下未來你想要如何使用科技。比方說，你寫的內容可能是：

> 我打算把手機當成工具，而不是逃避的管道。
>
> 我打算一天僅查閱電子郵件一次。
>
> 我打算全家共進晚餐時不要開手機。
>
> 我打算面對面直視對方的眼睛，而不是和人相處時盯著我自己的螢幕。

若不明確訂出未來的計畫，大腦就會訴諸生理記憶，回歸過去的習慣。明確寫出目標的人，堅持到底的機率高了四二%。[59]就像我之前提過的，你可以考慮在一早多挪出兩分鐘空檔，之後才去開手機或電腦（周末時也這麼做），以在「擺脫裝置的空間」裡品嘗美好、展開一天。

共同的未來願景

科技革命模糊了人和人之間互動的界線，改變了我們何時、為何、在何地，以及如何說些什麼。**我們都很清楚科技一定會存在，因此必須主動參與，重寫使用科技溝通的規則，並形塑我們生活、工作與學習的所在。**你馬上就可以從你身處之處開始做起。

傑森一家人呈現的未來生活，並不是我們努力的黃金標竿；我們要超越這樣的視野。且讓我們在生命中挪出空間，供自己好好生活與呼吸，營造可促成優質人際互動與合作的場域，並豎起名為「幸福」的圍籬，在生活中增進溝通並強化平衡，藉此創造出彰顯核心人性的溫暖未來。

摘自《微調五個地方，每天開心醒來：柏克萊快樂專家幫你找到甜蜜點》作者克莉絲汀·卡特的部落格

除非你是超級英雄，不然的話，你無法第一次就自行治癒智慧型手機／電子郵件／網際網路癮頭。研究指出，八八％的人無法堅持自己所立下的新願望；就我本人以及我擔任輔導教練的經驗來說，試著大幅減少盯住螢幕時間的人，百分之百都會愈來愈不帶勁。如果要擺脫裝置這件事開始讓你覺得很辛苦，很重要的是，你不要過度焦慮，也不要屈服於自我批判。反之，你要原諒自己。請提醒自己，愈來愈不帶勁本來就是整個流程的一部分；對於自己的行為感到愧疚或心生厭惡，無助於你未來的成功。

如果你無法成功暫時脫離裝置，很重要的是**要找出問題何在**。原因可能顯而易見，但為了以後能做到更好，你仍要清楚知道是什麼理由導致失敗。你移除了哪些誘惑？你是否在覺得壓力大、疲憊或飢餓時打破戒律、打開裝置查閱？若是，下一次要如何預防？找到答案，做出具體計畫，想好下一次若處於類似情境時應該怎麼做。你會有哪些不同的做法？你從之前的失誤當中領悟到什麼？

最重要的是，在整個過程中要安撫自己。要做到堅持到底、奉行自己訂出的有益目標，我們需要先感受到安全、安穩。飽受壓力時，大腦會刺激多巴胺系統以拯救我們。多巴胺的水準衝高，會使誘惑看來更誘人。當大腦敦促你做出比較輕鬆舒適的選擇時，你要想到這一點。比方說，按下鬧鐘的貪睡鍵而不是起來晨運，選洋蔥圈而不是綜合蔬菜，或是輕輕鬆鬆跳上計程車去上班，而不是騎著沒那麼舒服的城市單車。想要幫助自己脫離裝置，有時候，我們的最佳行動就是先以健康的方式安撫自己，不要讓大腦出手干預。

摘要

生活中大量湧入新科技，我們需要在實體上與心理上騰出空間，才能善用這些先進裝置，並促進幸福。策略4的重點，放在我們應如何善用可造成深遠影響的整理方式，重新奪回生活的主控權，以及如何針對使用科技設下有效的限制與界線。

利用以下方法為幸福營造棲地：

✓整理環境與心靈的雜亂無章，在你的生活中替未來的幸福騰出空間。

✓帶著特定的目的設計你居住、工作與學習的所在，追求更大的幸福。

✓在衝出幸福懸崖之前，先針對使用科技豎立起名為「幸福」的圍籬。

策略5

以特意自覺從事創新——如何善用內在力量塑造未來的科技與幸福？

我還記得，當我在TED演說上第一次聽到十歲小男孩盧克．馬賽拉（Luke Massella）的故事，我流下了敬佩與喜極而泣的淚水；他天生患有脊柱裂，短短一生中已動過十六次手術。他的膀胱功能失調，因此尿液會回流到腎臟，導致腎衰竭。正當一切看來無望時，馬賽拉一家接到安東尼．阿塔拉醫師（Dr. Anthony Atala）來電，告訴他們有一種實驗性的新手術，可以接受使用合成幹細胞製成的3D列印膀胱。手術成功了，盧克得以長大成人，享受人生。今日盧克已是二十三歲的大學生，積極參與摔角隊。阿塔拉醫師在TED演說中提到，器官發展領域可回溯至一九三八年，然而，要等到大量的科學家、研究人員、創新人士與出資人彼此合作，威克佛瑞斯特再生醫學研究所（Wake Forest Institute for Regenerative Medicine）才有辦法成功列印出盧克的膀胱，以及之後的各種人體器官。

真是太了不起了！當我想到我的孩子們將在一片光明的未來裡成長，我滿心期待他們各個面向的人生都會愈來愈好。我樂見各式各樣科技激發人心的故事，也主動持續在社交媒體上分享（#inspirationaltech）。這些利用科技行善的故事，有助補充《傑森一家》式的夢想（例如，利用飛車減輕交通流量，使喚個人專用機器人摺衣服）。然而，有一個價值數百萬美元的大哉問是：這些先進科技真能讓這個世界變成更幸福或更豐富的地方嗎？若否，有沒有哪些科技具備前述的功能？

策略5要求你起身行動，在特意自覺與秉持良知的前提下從事創新：不能被動設想科技如何幫助你幸福，而要主動思考大腦如何積極協助形塑科技的未來，以創造更幸福的世界。我要請你和我一起，思考我們期望未來是什麼模樣、如何善用現有的科技，以及如何發揮自己的影響力以改變周遭世界。

挑戰：讓幸福升級

請看看你的四周……從手機、電腦到汽車，現代的生活科技足令十年前的我們神魂顛倒。假設當時的我們有能力看到未來，知道有一天Skype能讓人和全球各地的親友即時相連，我們必定認為這樣的科技大幅增進了幸福。但是，統計數據顯示，最近十年間的憂鬱症比率倍增。即便每一個學習領域都大有進展，但科技其實並未讓我們變得更幸福。

確實，科技有能力影響我們的幸福程度，但正如尚恩在《哈佛最受歡迎的快樂工作學》一書所言，「幸福是一種選項，而且是一種我們必須在當下培養出樂觀心態與感恩，才能積極努力追求的選項。」**幸福是手段，而非目的。幸福是工具，不是副產品。幸福是心態，不是結果。等待未來的科技讓我們幸福，只是陷入了失望設下的陷阱，因為，我們每升級一次，就又出現新的幸福願景。**

雅各・韋斯伯格（Jacob Weisberg）在他的書《我們已無可救藥上鉤了》（*We Are Hopelessly Hooked*，中文書名暫譯）一書中這麼說：

> 新創經濟的規則，已經壓制了人們想設計出富人文精神數位產品的抱負。只要軟體工程師把免費、會上癮的產品直接交給孩子，本身就是難以自制使用者的家長，可想而知也就不太可能展現控制權。光是好聲好氣要求降低機器的誘惑程度，並不足以讓我們保護好自己來面對誘導性科技（captology，指會搶走你注意力的科技）的信徒。[1]

光是讀韋斯伯格這本書的書名就夠讓人沮喪的了，雖然如此，我仍拒絕相信我們已「無可救藥上鉤了」、被拖著涉過惡水走向人類最悲慘的境地。我們不能呆坐著，期盼需求導向的經濟會把人類發展推往正確的方向；我們必須善用內在力量推助市場，透過清楚明確的選擇，告訴市場我們希望它往哪個方向走。

二十年前，情感運算（電腦科學其中一個分支，重點為人的健康與福祉）領域的主要信念是，如果人想變得更聰明，就必須消除在決策當中引發偏見的情緒。雪梨大學教授暨正向運算實驗室（Positive Computing Lab）主任拉斐爾．卡爾佛說：

> 如果數位科技未積極促進人類福祉，那只是因為我們在科技的設計循環中並未將其納入考慮。原因有好幾個，包括由於工程師與電腦科學家的過去地位，讓我們比較安於劃出界線，把心理衝擊面中難以量化與帶有價值觀的部分切割開來。換言之，人類福祉不但一向遭受忽視，更因為素來對電腦產業的不安，因此特意不把福祉納入考量。[2]

但是，現在我們知道，人工智慧搭配情緒智商後會更強大，有助於預知危險行為並預防痛苦。科技應是情緒與思考的輔助品，而非替代品，把同理心納入科技中，正是下一個要開發的領域。二〇一六年三月，麻省理工學院甚至舉辦一場駭客松（hackathon；譯註：由「駭客」〔hacker〕和「馬拉松」〔marathon〕組成的複合詞，指一群程式設計人員在一個時空裡面進行馬拉松式的協作），設計能感知情緒的未來裝置，有助於把「人性」帶回人文設計當中。

聚焦在情緒與價值觀，過去認為是「軟性」的考量，但現在開始在各學科與各大學風行起來。喬安・蕾茵哈德（Joanne Reinhard）是英國行為洞察團隊（UK Behavioral Insights Team）、暱稱「推一把小組」（Nudge Unit）的顧問，她說政府領導人目前開始理解設計出周延選項的架構大有好處，也有利於提供服務與推動國家進步。在不丹王國的模式之後，全球的經濟學家、政治人物與決策者如今都在衡量國內生產毛額之外，也加計「國家幸福毛額」（gross national happiness），以期更精確掌握一國的健全程度與成就。[3]同樣的，諸如蘋果等企業也開始追問自家的科技「是否讓人生更美好？是否值得存在？」典範正在移轉，而且不僅限於科技面，還包括全球看待福祉的心態。

與其盼望虛擬的資訊高速公路會神奇地和實體的大街有交集，且讓我們從頭開始打造一套全球網絡，把幸福置於主計畫之中。我們別再說「我希望有人能設計出一套無所不能的應用程式」，或者「我希望有人能設計出可解決這個問題的裝置」，然後說說就算了；反之，我們要事前主動想方設法，看看如何讓這個世界變成一個更好的所在，並奉獻自己的心智，共同提出解決方案。

策略：創造一個平衡新世界

如果我問你，今天最讓你感到幸福的因素是什麼，你可能會回答：家人、朋友、信仰。但如果我問，你如何想像未來的幸福？你很可能會冒出一些想法，比方說擁有個人化的機器人幫你管理人生（我的答案很可能是擁有一個和明星布萊德利．庫柏〔Bradley Cooper〕一模一樣的機器人；我丈夫很能接受這件事，前提是他的機器人要長得像性感女神凱特．阿普頓〔Kate Upton〕）。然而，由此也看出**人的心智在「我們認為自己會感到幸福的理由」，以及「真正讓我們幸福的理由」這兩者間出現嚴重的斷層，科學家稱之為「影響力偏誤」（impact bias）。這種偏誤會讓我們失衡。**

但，另一方面，由於數位時代為人類帶來全新的挑戰，我們必須戰戰兢兢，才能勾畫出一幅科技與福祉達成完美平衡的世界願景。好萊塢向來非常盡責地提供各種劫後世界的版本（請見《駭客任務》、《瘋狂麥斯》〔*Mad Max*〕、《重裝任務》〔*Equilibrium*〕、《阿凡達》、《瓦力》），但無一範例告訴我們正向、沒有大浩劫的未來會怎麼樣。為何？因為這樣的未來沒有反烏托邦情節的中心衝突點，煞是無趣。但，你我並不想生活在劫後世界裡，因此得奮力打造一個大不相同且更加美好的未來。阿道斯・赫胥黎（Aldous Huxley）一九三一年出版過一本想法前衛的小說，當中他提到一個著名的美麗新世界（Brave New World），但那不是我們要的；且讓我們動手打造一個平衡新世界。

一九七四年，法國高空鋼索藝人菲利浦・佩提（Philippe Petit）在紐約市世貿中心雙塔間架起鋼索並在上面行走，因此揚名國際。他在鋼索上來回漫步（不是一次，是八次！），之後乾脆躺在鋼索上，在約四〇〇公尺高空懸在鼓譟的圍觀者頭頂上，稍事休息。佩提的故事現已拍成一部大眾商業電影《走鋼索的人》（*The Walk*）。他本人表示，走在鋼索上時身邊所有一切都淡出，唯有鋼索和他自己清晰無比，而，這是他在人生中第一次覺得真心感恩，完全平靜。

佩提的體驗就算還不到超凡的地步，聽來也令人覺得是極樂境界。這是幾乎每一種主流宗教傳統都在追求的和諧流動與相契，完美說明了我的數位時代幸福願景。身在數位馬戲團當中，我預見每一個人都能在數位纜線中找到自己的甜蜜點，在一邊是科技、一邊是幸福當中求得平衡。我在本書中提出的策略是很好用的工具，在快要失衡時協助我們重新調校。正如同鋼索藝人傑德・健達—馬田（Jade Kindar-Martin）所說（他在《走鋼索的人》一片中擔任演員喬瑟夫・高登—李維〔Joseph Gordon-Levitt〕的替身）：「我知道腳滑了會怎麼樣，我知道我必須這樣做、那樣做。我心裡會先想過一百種技術面的情境，才能面對真的會摔下來的問題。」

使用科技時，我追求的就是這種鎮定自持。**基於網際網路上並沒有安全防護網，因此，我得為自己的命運負全責。**我想知道我何時安穩走在鋼索上（善用科技），何時又開始失去平衡。我想知道在什麼情況下應如何彌補與重新校正，好讓我不僅能活下去，更能在鋼索上自得其樂。

善用我目前為止在書中提出的各式策略，我們面對未來時就有能力成為鋼索藝人：穩住陣腳（就這一點來說，位置愈接近地面愈好）、了解自己、訓練大腦、在周遭環境為幸福營造棲地，以及在特意自覺的條件下從事創新。現在，你該去尋找中心樞紐，並思考你如何成為有意識的協作者、有意識的消費者，以及有意識的促成者，來形塑幸福與科技的未來平衡。

有意識的協作者

要從事有助於平衡的創新，第一個方式是透過有意識的協作；我第一次聽到「意識協作」（conscious collaboration）這個概念，是透過克兒西・哈特・布洛克的介紹；她是一位人生導師，刺激人們把想法落實於生活中。她說，要成為有意識的協作者，意指不要在自動預設、勉為其難或敷衍掛名的情況下成為協作者。意識協作的必要條件，是要積極參與某個全心想善用構想、時間與才華來改變世界的群體。這便是幸福的未來式，而我想要和你分享你可以承擔的四種不同角色，這些都有助於實踐幸福未來：你可以對整體的知識有所貢獻；你可以發動改變的動力；你可以成為數位人道主義者；你也可以從自身領域開始形塑未來。

對整體的知識有所貢獻

在資訊經濟中，協作是終極貨幣。透過把專案「上行外包」（upsource）、訴諸眾人之智，數位社群可以用比企業或傳統組織更廉價且更快速的方式完成許多任務。「群眾外包」（crowdsourcing）或向一大群人徵求概念或貢獻的策略，已經改變了協作的情勢發展。

在暢銷國際的《維基經濟學》（*Wikinomics*）一書中，作者唐・泰普史考特（Don Tapscott）掌握了協作不斷變化的特質：「過去幾年，發生在會議室裡、視訊會議當中，甚至大型會議中心的傳統式協作，已經被超大規模的協作所超越。」[4]以下這幾個知名範例，說明透過數位協作的群眾外包資訊如何對集體知識有所貢獻：

- ✓ **Google地圖**：自二〇一五年以來，超過四萬人在一九四國貢獻了四五〇〇萬公里的道路地圖。[5]

- ✓ **Yelp**：光是二〇一六年第二季，就有超過六九〇〇萬名用戶針對在地企業與餐廳提供了共計一．〇八億則的評鑑。
- ✓ **Kickstarter**：自二〇一一年以來，超過一一〇〇萬人為一一一九七個專案提供二十六億美元的資金。[6]
- ✓ **氣候合作實驗室（Climate CoLab）**：截至目前，氣候實驗室讓全球超過一萬人共同腦力激盪，提出因應氣候變遷問題的解決方案。[7]

發動改變的動力

數位協作行動背後的理由可能是利他、自我甚至是渴望出名，但他們的努力讓所有人受惠，促使創新更好、更快。[8]在策略4中，我暗示一個名為「公民科技」的新領域即將興起，其目標是要借用大數的優勢與力道（也有人稱為「社會影響力」），以促使職場、政府、社群與學校更透明、更有效率，而且更當責。公民科技讓最偏遠地方發想出的最微不足道構想得以引發迴響、點燃變革。然而，系統不會在一夕之間翻轉，需要強力的協作來改變各種根深蒂固的系統。

美國前總統歐巴馬（Barack Obama）很清楚，許多政府核心服務用的都是過時的系統（包括退伍軍人事務、醫療保健、學生貸款和移民），因此在二〇一四年設立了美國數位服務（US Digital Service），徵召頂尖科技人才，以改善美國最重要數位服務的設計與使用。[9]歐巴馬表示：「我們想到或許可組一支特勤部隊，在政府內部設置一個世界級的科技辦公室，用以協助各機構。我們將此稱之為美國數位服務……他們會讓局面大不相同。」

我有幸和其中一位超級明星訪談，她是二十七歲的薇薇安·格勞芭德（Vivian Graubard），負責協助白宮創立美國數位服務。格勞芭德的父親是哥倫比亞人，她的外公外婆則是古巴難民，她對於在美國取用資源有著獨到見解。她說，**有些人想到的未來幸福是要擁有一部無人駕駛的特斯拉（Tesla）電動車或個人機器人助理，但對很多人而言，這類高端裝置是奢侈品，而非必需品。**她繼續說明：「擁有Fitbit智慧型手表／手環追蹤你的睡眠習慣是好事，但知道你的孩子和家人晚上有地方安心入睡，則是重要的事。令人難過的是，並不是每一個人都能感受到這種安穩。對很多人來說，多讓他們使用與獲得基本服務，例如醫療保健或食物券，才是主要的帶動幸福因素。」

雖然美國聯邦政府每年花在科技上的預算達八四〇億美元，但人民並沒有獲得等價的服務，還差得遠了。許多系統都已過時、大而無當，或是根本錯誤百出。透過協作，美國數位服務全面翻轉人民與政府互動的方式，而格勞芭德可是在第一線展開行動的人。

格勞芭德協助過許多被美國總統訂為優先事項的專案，包括拯救美國健保的入口網站（Healthcare.gov），但是，她心心念念的卻是要利用科技對抗販賣人口。格勞芭德說，太常有的情況是，預算、官僚，以及缺乏溝通折損了善意的努力，留下人口販子可以鑽的漏洞。如果必須選擇執法時是要叫執法者上網搜尋可疑的貼文，還是要求他們上街頭掃蕩，後者每次都勝出；但是，如此一來便會錯過足以破獲人蛇集團的寶貴線索，而這正是科技可施力以彌補不足之處。二〇一二年，格勞芭德幫忙在白宮推動「科技對決人口販賣」專案（Tech vs. Trafficking Project），讓民間企業（如Google和帕蘭泰爾科技公司〔Palantir〕）、非營利組織（例如美麗女孩機構〔FairGirls〕和北極星專案〔Polaris Project〕），以及政府機構（如美國兒童暨家庭管理處〔Administration for Children and Families〕）的專家共聚一堂。他們的使命，是透過協作，腦力激盪出低成本、易執行的解決方案，以對抗人口販賣。最後，他們找到要優先推動的三項任務：讓倖存者獲得必要的服務（包括提供選項，治療心理與生理創傷，以及移除人口販子用來標記受害者的疤痕與刺青），改善執法使用科技的成效，從大數據當中爬梳出資訊，並且強化不同組織（例如機場和移民局）之間分享數據的方法，以辨識受害者並殲滅人蛇集團。

就我們在數位時代面對的所有挑戰來看，諸如此類的協作讓我對未來寄與無限盼望：希望我們在防治犯罪方面能有所突破，希望政府施政日漸改善的透明度將能讓人民以更好的方式取得服務，希望受害者能獲得正義與治療。此外，我們在解決問題方面也正跨入一個新領域。像格勞芭德推動的這類計畫有所成就，激勵了歐巴馬總統繼續籌組「南偏南草坪活動」（South by South Lawn），這是受到「西南偏南音樂節」（South by Southwest）啟發，讓創意人、創新者和組織工作者共聚一堂，討論如何用更好的方法從事協作，以改善全球人民的生活。[10]

全球各大城市也開始探索新科技如何改變基礎建設與提供服務的方式，以提高公共資源的使用效率。例如，巴塞隆納最近安裝了一一○○支智慧型路燈，每一支都設有無線網路熱點，並裝設LED燈泡，街道空蕩蕩時會自動熄滅，甚至還有可測量空氣品質的感應器。之後巴塞隆納官方指出，到目前為止，該市的能源消耗量減低了三成，總共省下三七○○萬美元。[11]達拉斯推出達拉斯創新區（Dallas Innovation District），其中有用來測試智慧城市概念的生活實驗室（Living Lab）、用以培育新構想的創業中心（Entrepreneurship Center），以及匯聚公、私夥伴一同在整個達拉斯市擴大解決方案規模的達拉斯創新聯盟（Dallas Innovation Alliance），因此獲得白宮的表揚。[12]

波士頓的做法稍有不同，他們重新思考如何利用科技扭轉城市地形地貌，推出「城市分數儀表板」（CityScore Dashboard）。這是一個開放給公眾的網路，由人民評定該城在各方面的表現，從消防隊的回應時間到學校的出席率，用一個數字當作標準（高於一代表好，低於一代表不好）。[13]利用從不同部門即時收集而來的數據，波士頓市長及其部屬便能快速回應整個城市的需求。舉例來說，二〇一六年一月十五日推出「城市分數儀表板」時，從一開始接到電話、到派救護車到現場，緊急醫療系統的平均回應時間為五分五十九秒。在接下來三個月，回應時間持續延長，城市分數也因此下滑。馬帝・瓦爾許市長（Mayor Marty Walsh）認為當中可能有什麼問題，因此找來緊急醫療服務的主管，想要取得更多資訊以了解實際狀況，後來發現過去幾年來市內觀光客與居民的人數均有成長，因此緊急電話的來電數也增加了，但是，緊急醫療服務的預算並未隨之成長，無法聘用更多緊急醫護人員，也不能汰換老舊的救護車。之後，市長將緊急醫療系統的資金優先排入下一年度的城市預算，訓練二十名新的緊急醫療救護人員，並新購入十輛救護車。[14]

發生在城市、州或國家層級的體系變動或許看來格局恢弘，但我們應該要記住的是，**世界上力量最強大的協作，皆始於一個人有一個想法，然後去做了一件事**。舉例來說，在達拉斯市的橡樹丘區（Oak Hills），傑森・羅伯茲（Jason Roberts）發現，一九四一年以來啟用的過時建築法規實際上助長了此地的衰敗，阻礙企業更新自家商店門面（比方說，不過就是放點鮮花在人行道上，就必須要花一千美元取得許可）。羅伯茲架設了一個網站，徵召志工一起加入他的志業，並取了一個很相契的名稱叫「讓街區更好倡議行動」（Better Block Initiative）。[15] 他與志工團隊聯手，為市政府的領導階層規劃一次展示活動，目的在於美化鄰里，同時要在一天之內打破最多法規。之後，他們邀請公民領袖參與當天的各項活動，說明他們要如何打破這些規範及其背後的理由。這些過時法規的存在令許多公民領袖大為震驚，這次簡單的展示活動引發全面性檢視修正該市的法規，也讓整個地區再生。如今全球有多個城市複製「讓街區更好倡議行動」，而且，由於透過線上論壇及實務知識指引、分享最佳操作方法，這類活動仍持續累積動能。

成為數位人道主義者

身為有意識的協作者，你還可以扮演另一種角色，那就是成為數位人道主義者。我還記得，我第一次接觸到數位人道主義者是二〇〇五年六月的事，那是一次令人脫胎換骨的經驗。當時我和我先生剛搬到密西西比州比洛克西市（Biloxi），他第一次接受軍方派駐，我則在攻讀商學院，那個夏天我需要從事與商業相關的實習工作。因此我決定要去位在格爾夫波特市（Gulfport）的聯合勸募（United Way）工作，我被分派到的任務是幫忙更新該組織的基礎建設，針對線上捐贈、緊急救助行動計畫，以及永續性規畫開發新系統。當時我不知道我做的事很快就會受到測試。我真希望我可誇口說，我那個夏天的工作是一套重要因應倡議行動的一環，但是，八月二十九日卡崔娜颶風來襲，我發現我寫的行動方案並無用武之地，連同我的辦公桌和整個檔案櫃都在水裡載浮載沉。

憑著我對行動方案有限的記憶，我打電話給其他員工，得到的回應是每個人都自顧不暇，我們的執行主任還不見了（幾天後我們終於聯繫上她，她沒事）。我記得當時覺得好無助：我們的組織本應成為當地的災難應變中心，但運作完全垮了。然而，就在這段期間，全球數位人道主義團體出手相助，幫忙更新我們的通訊基礎建設，並把檔案歸建在我們到不了的地方。

卡崔娜颶風過後，科技在災難應變上提供的協助可謂三級跳。在危機期間，數位人道主義者可以幫忙篩選、過濾大量的使用者生成內容（包括簡訊、照片、空照圖、影片等等），讓救援人員聚焦在最能發揮之處：提供救援。這些志工和人道組織結盟合作，幫忙篩選資訊、琢磨優先順序、替行動設定新的架構並架設網站和組織社群，以提供重要資訊。從聯合國兒童基金會創新團隊（UNICEF Innovation）、雅加達聯合國全球脈動計畫（UN Global Pulse Jakarta），到奈洛比科技中樞（Ihub Nairobi）、加德滿都生活實驗室（Kathmandu Living Labs），各類組織想出各種方法協助災民。

這些數位應變人員付出他們的時間與技術，再加上人脈，幫忙緩解正式人道救援機構在現場的資訊量負荷過度。比方說，尼泊爾大地震時，超過七千五百名志工奉獻心力，強化維基百科的開放街圖（OpenStreetMap），讓救援人員很有效率地進入該地，甚至使用衛星空照圖判斷尼泊爾的受災地區在哪裡。同樣的，人道之路（Humanity Road）和待命任務小組（Standby Task Force）安排了社交媒體資訊並協調志工，其他如無國界譯者（Translators without Borders）等團體，則幫忙消除了口頭與書面上的語言落差。[16, 17]

你無須跋山涉水才能成為數位人道主義者。有些影響力最大的任務，就發生在方寸之間。當我剛搬到達拉斯時，發現附近有高比例的居民把「NextDoor」應用程式當成虛擬的社區聯誼中心。我很驚訝，這種簡單且免費的社區訊息版為整個社區增添了深度，深化了居民彼此間的關係，並且創造出層次完全不同的社交支持。每天，用戶都會貼出一些諸如狗鍊鬆了、青少年魯莽駕駛、待援家庭等文章。有一天讓人特別難忘，有個男人在人行道上昏倒了，附近一名住戶發現他。發現者找不到身分證明，因此撥打緊急電話，之後貼出文章描述此人的樣子，希望能找到路倒者的家人。五分鐘內便成功找到，而他也能順利地前往醫院。

無論你是在自家後院還是奔波天涯以服務社群，以數位人道主義者之姿從事志願工作，都是強而有力的意識協作形式。

在你所屬的領域內創新

成為有意識的創新者，其美妙之處在於，你不一定要是電腦工程師或程式設計師才能創造不同局面，你可以在影響力所及範圍內進行創新。為了證明這一點，我要分享三個人的勵志故事，他們都在自己的社群中展開行動，創造出強力的變革。

德克・韓德利

「酒化為水」（Wine to Water）這個機構的目標，旨在為全世界有需要的人提供潔淨用水。德克・韓德利（Doc Hendley）看起來不太像是創辦這類組織的人，但他就是。韓德利解釋：「我想要創辦『酒化為水』時，唯一的工作經驗就是曾經擔任過酒保。」但是，這位渾身刺青、騎著機車的酒保，有一幅願景。他說：「我比任何人都想打造出一家機構，用不同的方法來對抗與用水有關的死亡和疾病。因此，我開始為了解決用水問題籌資，用的是我最擅長的方法：倒酒和放音樂。」[18]很快地，他善用社交媒體，幫忙全球各地的人把雞尾酒派對變成募款派對。自二〇〇四年創立以來，韓德利的組織為二十四國超過四十萬人提供服務。二〇〇九年時，韓德利登上CNN英雄榜（CNN's Heroes）。今天，他對全球的觀眾說：「不管你是誰，如果你找到一件令你熱血沸騰的事，你終將創造不同的局面。」

麥可．皮查德

麥可．皮查德（Michael Pritchard）也覺得有必要因應用水危機，但他以截然不同的方法解決問題。皮查德講起他看到電視上播報亞洲海嘯與卡崔娜颶風這兩起悲劇，眼見大量的災民排著隊只為喝上一口乾淨的水，他覺得難過不已。救援機構因應的速度太慢令他既憤怒又沮喪，因此，皮查德決定做點事。他設計出一種救命濾水瓶，乍看之下就是一般的運動用水壺，但裡面裝了奈米過濾膜（目的在於過濾病毒），短短幾秒內就讓「最骯髒的沼澤水」也可飲用。為了證明功效，皮查德在TED發表演說時，在台上證明他的濾水瓶如何發揮作用。他把取自汙水處理廠的逕流水倒進救命濾水瓶裡，再加一點兔子糞便，搖一搖水瓶，然後喝下倒出來的澄清無菌水。[19]皮查德的救命濾水瓶以更快速、高效率的方法提供潔淨飲水，扭轉了傳統的救援模式。

艾莉．薇爾本

艾莉．薇爾本（Allie Wilburn）是維吉尼亞州南西蒙—薩克福高中（Nansemond-Suffolk

High School）的高三生，前一年的設計入門課上了3D列印概念，讓她深為著迷。[20]隔年夏天，十七歲的薇爾本暢遊網海時邂逅一個名為「亦能」（e-NABLE）的團體，這一群人借重志工的力量，為有需要的人提供3D列印出來的手部和手臂義肢。後來她從漢普頓榮民醫學中心（Hampton VA Medical Center）某些病患口中更深入了解義肢，之後受到更多的啟發。薇爾本和南西蒙─薩克福高中的科學、科技、工程與數學學習技能創新專家伊莉莎白．喬娜（Elizabeth Joyner）合作，得到五萬美元的獎助金成立夏日機器人學院，最後由學生們創作出十二隻手部義肢。

這三人善用有意識的協作，完成單獨一人無法完成的成就。這些公民創新者無疑非常勵志，但也令人敬畏。我們認為自己不可能具備這樣的影響力。然而，正如韓德利所指：「我所做的僅是涓滴，但如果我因為問題太大而什麼都不做，現在就什麼都沒有。」

那麼，你有什麼能讓未來更美好的想法？你是否懷抱熱情想成為公民創新者？如果你有意與他人協作，共同為現有的專案而努力，下頁列有一些我鍾愛的應用程式和網站，推薦你也可以試試看。

有意識的消費者

要以特意自覺的方式從事創新，第二個方法是成為有意識的消費者。購買有機商品或許並非最便宜的選項，但，就像許多人所主張的，如果你考量了攝取過多加工食品與傳統食物的健康成本，那就不一樣了。以符合社會責任的方式投資，雖然或許賺不到最高的紙上財富，但人的意義不只是錢而已。近期研究指出，人花錢的**方式**對幸福造成的影響，遠高於我們把錢花在**哪裡**。

關心自己的數位足跡

環保運動努力在全世界提升人類對於自身碳足跡的敏感度，消費覺醒運動（conscious consumerism movement）則志在提高消費者對於

成為有意識的公民創新者	
• SeeClickFix • PublicStuff	提報你的城市裡有哪些坑洞與街道號誌需要修理。
• Change.org • Care2.com	發起志業並尋求支持。
• NextDoor • Peer.by • 臉書粉絲專頁	在你所處的鄰里建立社群。
• CitizInvestor.com • Neighbor.ly	透過群眾募資與公民參與投資公共專案。

自身數位足跡的敏感度，宣導消費者的購買行為會在市場上帶來哪些衝擊。[21]我們購買的應用程式，我們玩的電玩遊戲，我們投資的裝置，以及我們在社交媒體上的對話，全都傳送訊息給開發商和投資者，使其得知我們最重視的內容、渴望的產品，但多數消費者並不了解這一點。沒錯，數據帶來錢潮，而消費者擁有強大的力量足以影響市場動態。

培養社會責任

科技已成為引發正向改變的力量，讓消費者長了知識，並提升企業的透明度。現代消費者更清楚企業的做法，也知道自己可選擇要把錢花在哪裡。柯恩通訊公司（Cone Communications）二〇一五年所做的一項調查指出，全球有八成的消費者在從事以下行為時都會考慮企業社會責任：決定要買什麼或要在哪裡購買（八四%）、決定要推薦什麼產品與服務給他人（八二%）、希望看到哪些企業到自己所屬的社區經營業務（八四%），以及要到哪裡任職（七九%）。[22]直接的影響是，全球最大型企業中，有九三%目前都正式提出社會企業責任報告。[23, 24]

成為有意識的消費者不僅對世界有利，對你自己亦有好處。一次讓你覺得美好的購物經驗不僅帶來短期的快樂，未來也能讓你更致力於落實利他主義。[25]研究指出，有利於社會的支出方式（只為了他人的利益而花錢）與福祉之間有一種「正向回饋圈」，這很可能是通往永續幸福的康莊大道：有利於社會的支出行為可以增進幸福，同時又鼓舞了更多有利於社會的支出。

如果你想成為負起更多社會責任的消費者，可以試行以下幾個簡單概念：

你可以開始身體力行的幸福妙方

1. **針對產品追本溯源：**知道你手上的產品從哪裡來、是誰做的，以及商家如何使用賺得的利潤。「GoodGuide」、「Ecohabitude」和「Buyco」等應用程式可助你一臂之力，快速掃描一下條碼，買下產品前便能先了解企業的背景。[26]如果找不到條碼，你也可以在Google或美國商業促進局（Better Business Bureau）上查閱產品或企業。[27]

2. **購物時也要發揮影響力：**可行的話，請和支持三重利潤（即，購買的同時可以嘉惠經濟、環境與社群）的企業交易。[28]這類企業通常都設有企業社會責任計畫，甚至還獲得「B企業」（B Corp）認證；通過認證，代表這些企業在社會與環境表現、公共透明度與法規當責性方面都通過驗證，符合最高標準。[29]

這類企業或許會為了捍衛價值觀而犧牲短期利潤，但他們在特定消費族群中（希望知道自己的錢花到哪裡去的消費者）建立起品牌忠誠度，也提高招募到頂尖人才的機會。「生態本質」（EcoHabitude）是一個注重社會責任的線上市集，其創辦人暨執行長克利斯坦．卓沛薩（Kristen Drapesa）呼籲：「我們愈早開始好好用錢投票，就愈快看到經濟的變化……需求是關鍵，我們正要開始見證改變，看到人們去尋找、關注不一樣的東西。」[30]

3. **為了促成共好而投資創新：**最棒的事是提出一套讓世界變得更美好的解決方法，其次是投資這些發明者。不論你有一塊錢還是一百萬，藉由「Kiva」、「Kickstarter」、「Crowdrise」和「Indiegogo」等群眾集資網站之助，都可以成為一位慈善家。投資契合你的價值觀與興趣的計畫，有助於提供資本以落實正向的改變，並向其他發明者與投資人宣告，類似的專案與產品確實有其需求。

4. **使用社交媒體做為促成改變的平台：**表揚承諾做出正面改變的企業，抵制違反誠信原則的公司。貼出產品評鑑，參與訊息版面，撰寫部落格表達自我。你也可以追蹤與你的價值觀相契合的企業社交媒體頁面，以便更了解關鍵議題。

有意識的促成者

特意自覺創新的第三種方式，是透過以身作則、扭轉、推助與給予等行動，成為在社會中扮演覺醒促成者的角色。多數時候，行動要具備三重目的：提升自身的幸福、激勵他人起身行動，以及創建適當環境以求為所有人孕育與促成更多幸福。

以身作則，展現利社會行為

透過以身作則、展現「利社會行為」（prosocial behavior），創新者就有能力成為社會中的促成者，增進利他、同理和互惠。一九六六年時有一個很著名的「爆胎實驗」（Flat Tire experiment），研究人員想知道機車騎士會不會停下來，幫忙因車子爆胎而停在路邊的「時尚淑女」。一半的騎士會先看到一幕事先設計好的場景：有一位年輕男子幫助一個女孩；另外一半則否。研究發現，出現正向典範會大幅促進其他騎士的利他行為。[31]事實上，只是看到善舉就足以激發出一連串付諸行動的慷慨之舉。二〇一二年，有一位顧客在連鎖咖啡店提姆霍頓（Tim Horton）的得來速窗口做了個決定，要替後車的陌生人買單。後車的顧客既驚又喜，於是決定仿效她替後車的顧客買單，在接下來的三個小時內，總共有兩百二十六位顧客延續了這樣的慷慨。[32]二〇一四年星巴克的得來速窗口也發生同樣的情況，十一個多小時內共有三百七十八位顧客接力。在這兩次事件中，都是一次的利他行動引發了強大的漣漪效應，連當時根本還不在隊伍裡的人都受惠；這類事件成為網路上的溫馨小故事，也激勵了他人在自己的社群中起身成為促成者。（若想追蹤你的影響力何在，可以使用「Ripil」和「Nobly」應用程式，這兩者都能讓你追蹤並分享你所做的善舉。）

無論你是企業執行長、團隊領導者、第一線員工還是全職父母，以身作則是鼓舞身邊人的絕佳方法。《給予：華頓商學院最啟發人心的一堂課》（*Give and Take*）是《紐約時報》排行榜上的暢銷書，作者暨華頓學商院教授亞當．格蘭特（Adam Grant）在書中寫道：「為他人服務之後領略到的感受是最豐富的激勵源頭，但尚未被開發；把焦點放在自己的工作對他人有何貢獻，此舉能提高生產力，大過於只想著如何自助。」

格蘭特身體力行。他曾經答應為學生寫推薦信，數量達一百封，這是大多數教授都嫌麻煩的事。他則不認為寫推薦信是件苦差事，反而選擇把每一封信都當成幫助他人達成夢想的契機。聽起來雖然有點樂天，但格蘭特認為，這種轉念並非純粹的利他，他也從中受益良多，因為有許多學生定期帶著禮物來拜訪，發送感謝電子郵件，並大大宣揚他的人格。

如果你懷疑「慷慨給予」的力量能否在辦公室環境下發酵，格蘭特又以一個簡單實驗為例，說明為工作賦予意義對績效表現大有影響。該實驗的場域是一個極辛苦的環境：大學的服務中心。大學服務中心的主要目的是找到獎學金的資金，格蘭特帶著曾獲獎學金的學生與服務中心人員墾談十分鐘，談談獎學金如何改變了他的人生，激勵他成為「為美國而教」（Teach for America）組織旗下的老師。格蘭特表示，實驗的成效連他自己都大為震驚：見證人說完故事之後一個月，服務人員花在打電話的時間平均多了一四二%，募得的資金也成長了一七一%。[33]

透過見證與行動來展現利社會行為不僅能激勵人心，實際上還會改變血流中的賀爾蒙，並在神經心理學上影響我們的行為。二〇一五年十二月有一群人進行研究，要求受試者觀賞一段公益影片。看影片之前，會先讓一半的受試者攝入催產素（oxytocin，**催產素是一種賀爾蒙，當你拍拍小狗、參加婚禮、享受性愛，或是觀賞讓人情緒激動的網路短片時，就會釋出到血液裡**），另一半的受試者則無。先攝入催產素的受試者捐款多了五六%，捐贈的對象多了五七%，而且自認關心影片中人物的受試者也多了一七%。雖說我們本來就知道「觸動心弦」是有效的廣告策略，但本研究指出，展現「讓人感覺良好」的行為實際上可以改變旁觀者的行為，推助他們做出正向選擇。[34]

此外，利他行為也能增進我們本身的工作成果。好思維公司做過一項研究，發現為他人提供社交支援的人敬業度高了十倍，未來四年獲得拔擢的可能性則高了四成。這種神經心理學反應是很好的領導魅力源頭，若能詳加了解並妥善運用，將可培養出領導潛力。此外，能理解如何施展這股影響力的人，無疑將更受人尊敬，成效也會更高。

扭轉訊息

創新者也可透過社交媒體成為催化者。臉書做了一項頗受爭議的實驗，改變超過百萬名用戶的動態消息饋送，送出正面性較強或負面性較強的貼文。雖然做法受人質疑，但研究結果令人震撼：在動態消息中看到較多正面貼文的用戶，自己也會貼出較多正面消息；看到較多負面貼文者則會貼出較多負面消息。[35]

基本上，我們讀了什麼，就成為什麼樣的人。擔任記者的拉夏娜・芭德雯（Rashanah Baldwin）很清楚這一點，因此她努力改變家鄉伊利諾州芝加哥恩格伍德（Englewood）區的新聞報導內容。媒體常把恩格伍德塑造成犯罪的溫床，但芭德雯知道報導背後還有更多故事，因此她決定和全世界分享家鄉美好的那一面。她在一篇文章中寫道：「媒體一再對大眾放送某個單一、負面主題背後的危險，矛頭指向同一個社區，無疑將嚴重打擊住在該社區的居民，對於其他人來說亦同。基本原則是：如果沒有平衡報導，人就會開始形成單一認知。」[36]

蜜雪兒・吉倫（Michelle Gielan）是CBS全國新聞網前主播，後來轉換跑道、成為心理學家（她同時也是我大嫂），她將芭德雯的方法稱為「扭轉性新聞」（transformative journalism）。在她的暢銷書《傳播快樂》（*Broadcasting Happiness*，中文書名暫譯）中，吉倫將扭轉性新聞定義成「用激發活力、投入，並以解決方案為導向的方式來做新聞報導。其目的是要滿足大眾知的權利，同時提供必要工具以利帶動進步。」吉倫指出，媒體報導通常太過涇渭分明地分成「正面」與「負面」，但實際上發生的事卻是更錯綜複雜。「扭轉性新聞是第三種管道，宣告『我們要報導嚴肅的議題，但是我們要透過報導讓你覺得你自己做的事很重要。』這是一種潛在的行動號召，因此人們會覺得自己是流程中的一部分。這類報導的目標高遠，不只是告訴你世界上有哪些壞事而已。」

扭轉性新聞不僅讓人覺得比較愉快，也會使人更願意參與。吉倫偕同雅莉安娜・哈芬登（Arianna Huffington）及尚恩・艾科爾（我哥哥，剛好也是她先生）一起做了一項新聞媒體研究，發現人們聽到問題的報導後、若能接觸到潛在或實際解決方案的相關討論，之後在解決無相關性的問題時提出的創意性方案平均多了兩成。受試者也表示，聚焦在解決方案而非陷在問題中，會讓他們覺得好過一點。這也提醒了我們，針對某個議題營造出握有掌控權的感受，會影響我們對於生活其他面向的態度，也會改變我們在各個領域的因應之道。

在之前另一項研究中，這鐵三角組合發現，一個人若一大早就聽到負面消息，哪怕只是短短三分鐘，他們在六到八小時之後表示當天自己不快樂的機率會提高二七%。以扭轉性新聞轉換負面報導會讓人們覺得比較好過，是因為他們看到自己有力量讓世界變成一個更好的所在。這是一種很深遠的影響，對於一早還沒下床就想先聽到本日頭條新聞的人來說尤其如此。吉倫解釋，研究的目的並非阻止你看新聞，而是希望你選擇新聞的來源，以利導引你處理負面事件並有所行動。若找不到這類來源，你總是可以從「我在這種情況下可以做什麼」切入，作為閱讀新聞報導的視角，並且「身體力行」，活躍參與社交媒體，以解決方案導向的貼文和部落格來形塑對話。

推助正向行為

要成為有意識的促成者，創新者可走的第三條路是透過科技推動正向行為。崔斯坦・哈里斯（Tristan Harris）是史丹佛大學說服科技學程的研究生，之前曾在Google擔任工程師，「利用科技推助人類價值觀」這個想法令他深深著迷，比方說在消費性科技的設計中加入「善用時間」的概念。舉例來說，他預見一種新版的Gmail，一開啟就會問你當天想要花多少時間在電子郵件上，逼近上限時會提醒你。此外，他也想重新設計通訊應用程式，把重點放在專注而非干擾。他說這是「慎思的應用程式」，基本上，這些應用程式是用來控制我們所使用的應用程式。

隨著我們更加清楚科技在生活中發揮的交互作用，每一個人在協作、消費與行動時都要扮演促成者，藉以形塑未來的幸福。就像歐巴馬總統近期在《連線》（*WIRED*）雜誌中所寫的：

為了克服未來面對的挑戰，我們不只需要麻省理工學院、史丹佛或國家衛生研究院的研究人員，也需要在西維吉尼亞利用3D印表機動手做的媽媽、在芝加哥南區學習寫程式的少女、在聖安東尼奧尋覓金主投資新應用程式的夢想家、在南達科他州學用新技能以襄助綠色革命的爸爸。我們將要利用這些方式克服挑戰，替每一個人釋放出我們身上的所有力量；不只嘉惠我們當中的幸運兒，而是為了所有人。[37]

這就是充滿創意的集體想像力所發揮的力量。本書的目標是助你一臂之力，讓你省思自己目前的位置，思考未來想往何處去，同時夢想未來應該有著什麼面貌。我非常樂觀，相信無論我們面對何種挑戰，我們可以、也將會找到更好的前進之道。我期待幸福的未來，我也會在那裡與你相會。

摘要

今日我們與科技的互動會直接影響未來的幸福。我們的想法、行動甚至是購買行為，都會傳送出重要訊息給新科技的投資人與開發者。我們要以清醒覺醒、堅守目的之態度來看待目前與科技的互動方式，以共創幸福未來。

利用以下方法以特意自覺從事創新：

✓主動想像你想擁有的世界。

✓借用現有科技，以成為有意識的協作者、有意識的消費者，以及有意識的促成者。

✓利用你的影響力以身作則，展現對社會有利的行為，引發漣漪效應，傳播正面報導。

結語

終於到結尾了，接下來我要說的話可能會有點老派，而且是非常老派：我要寫一封信給你，伴你一路前行。慣用推特和簡訊的朋友們，這對各位來說或許很痛苦（文長超過一百四十個字，沒有表情符號，但你一定可以的，lol），我盡量長話短說。

親愛的朋友（在讀完我的所有故事、列表，以及幸福妙方之後，你絕對是我的朋友了）：

我從不相信冗長結論，尤其是，這不過是一個起點。但我想要跟你道聲謝，謝謝你這麼關心未來，願意和我一同踏上這趟旅程，激發潛能、深入研究並參與一場思考實驗，好讓未來能更美好一些些。在本書中，我們探討了現代複雜生活所面對的挑戰，我也和你分享以下五大策略，幫助你在數位時代裡求得生產力與福祉的平衡：

- 穩住陣腳
- 了解自我

- 訓練大腦
- 為幸福營造棲地
- 以特意自覺從事創新

到現在，你或許已經找出自己最想試行哪一項策略，我期望，你現在就能把這些務實的建議付諸行動，不要等到明天或下星期，或是等到你有機會買到感恩日誌之後。落實這些策略沒有前置作業，只需要一顆開放的心靈，以及想要讓世界變得更好的最熱切渴望。

如果你還想了解有哪些先進資源與策略可供你在數位時代平衡生產力與福祉，請查閱我的部落格（HappyTechBlog.com）。如果你發現自己一路上一而再、再而三失敗，請安心：我們同在一起。請讀一讀書中你最喜歡的部分，溫故知新。之後，請和我分享你的成功故事（請利用amyblankson.com/share）。我等不及想聽你說了，並看看我們在哪些方面還可以一同形塑未來的幸福。

敬祝　順心

艾美

註：如果我沒休數位假期，可以在臉書、推特與Instagram上找到我，我的帳號是@amyblankson。

重點摘要

策略1：穩住陣腳

如何集中並有目的地導引你的精力？

請使用具備QR碼判讀功能的應用程式下載本摘要。

人的注意力持續的時間可能比金魚還短，但是我們可以學習不要這麼容易分心，更認真活在當下，趁著一氣呵成的流暢感，完全沉浸、充分投入我們正在從事的活動當中。我們也必須善用第三支腳，以穩住陣腳，針對何時、何地、為何，以及如何和科技互動做出適切的選擇，讓我們更有能力導引精力，創造更幸福的未來。

面對變化要穩住陣腳，你可以這麼做：

✓善用「第三支腳」（導引你做人處事的原則與價值觀）以匯聚你的精力能量。
✓減少令人分心的因素以提高生產力。
✓主動選擇回應科技的態度：抗拒、接受或擁抱科技。
✓了解他人以及自身的目的。
✓重點在於要親自參與投入，不要置身事外。
✓凸顯最重要的重點。
✓將目標張貼在明顯可見之處。

策略2：了解自我

量化自我如何能助你充分發揮潛能？

自知是一股力量：關注人生中的小決策並賦予目的，能幫助我們避開自我設限的想法，並針對未來做出更好的選擇。新科技幫助我們極詳盡地了解自己的身心，根據未來做出更好的小決策。然而，我們仍須借重有史以來最強大的超級電腦：人心。

利用以下方法了解自我：

✓學會辨識那些會讓你偏離目的的自我設限想法。

✓放大你的小決策，以了解小改變在何處能產生大影響。

✓追蹤人生的進度，以判定哪些是你成功之處，哪些則是有待改進之處。

策略3：訓練你的大腦

如何整合各個要素，以建構更聰明、更幸福的心智？

正向心理學近來的研究指出，我們可以利用S.T.A.G.E.架構來訓練大腦，以增進幸福及提升表現。要在生命中創造出持續性的正向改變，關鍵是要找到目標技能組合、具體瞄準特定的習慣、評估進度，並訂下簡單、相關且實際的目標，讓改變「固著」在你的生命當中。

利用以下方法訓練大腦：

✓培養樂觀的心態以促進成長。

✓利用S.T.A.G.E.架構（細細品味、心存感激、熱望渴求、慷慨給予，以及展現同理）來學習提升心態層次的技巧。

✓善用科技來助你成功並追蹤進度。

策略4：為幸福營造棲地

如何為家庭、職場與社群創造更大的幸福？

生活中大量湧入新科技，我們需要在實體上與心理上騰出空間，才能善用這些先進裝置，並促進幸福。策略4的重點，放在我們應如何善用可造成深遠影響的整理方式，重新奪回生活的主控權，以及如何針對使用科技設下有效的限制與界線。

利用以下方法為幸福營造棲地：

✓整理環境與心靈的雜亂無章，在你的生活中替未來的幸福騰出空間。

✓帶著特定的目的設計你居住、工作與學習的所在，追求更大的幸福。

✓在衝出幸福懸崖之前，先針對使用科技豎立起名為「幸福」的圍籬。

策略5：以特意自覺從事創新

如何善用內在力量塑造未來的科技與幸福？

今日我們與科技的互動會直接影響未來的幸福。我們的想法、行動甚至是購買行為，都會傳送出重要訊息給新科技的投資人與開發者。我們要以清醒覺醒、堅守目的之態度來看待目前與科技的互動方式，以共創幸福未來。

利用以下方法以特意自覺從事創新：

✓主動想像你想擁有的世界。

✓借用現有科技，以成為有意識的協作者、有意識的消費者，以及有意識的促成者。

✓利用你的影響力以身作則，展現對社會有利的行為，引發漣漪效應，傳播正面報導。

字彙表

情感運算（affective computing）：研究與開發能辨識、解讀、處理與模擬人類情緒的系統。

公民科技（civic technology）：用來支持、創造或促進公益的數位工具。[1]

可碰撞出火花的空間（collisionable spaces）：透過特意安排的辦公室設計與工作動線所造成的可製造巧遇空間。

連續性局部注意力（continuous partial attention）：在這個過程中，人會同步關注幾個來自不同地方的資訊，但都僅限於表面。[2]

數位人道主義者（digital humanitarians）：為受災社區提供線上因應與救援服務的人。[3]

多巴胺（dopamine）：一種神經傳導物質，幫忙控制腦部的獎酬與歡愉中心。[4]

固定型心態（fixed mindset）：處於這種心態時，人會相信自己的本質是與生俱來固有的，比方說聰明才智。[5]

害怕錯過症（FOMO）：害怕錯過網路上的有趣活動或資訊。[6]

遊戲化（gamification）：這個概念，是應用遊戲的機制與遊戲設計的技巧，來吸引、激勵人們達成目標。[7]

完形心理學（Gestalt psychology）：傳統心理學的一派分支，試圖理解人在混亂的世界裡如何獲得並維繫有意義的認知。

ＧＯＴ症候群（**囤物罪惡感症候群**）**：**自覺必須把東西留著，就算已經好幾個星期、好幾個月、好幾年甚至好幾十年沒摸過了，也都不能丟。

成長型心態（growth mindset）**：**處於這種心態時，人相信可以透過投入與認知，努力培養最基本的能力。[8]

幸福（happiness）**：**努力發揮潛能後感受到的喜悅。

快樂優勢（happiness advantage）**：**這是一種最適狀態，此時大腦在正向方面的表現會優於在負向、中性或受壓方面的表現。[9]

幸福懸崖（Happiness Cliff）**：**這座懸崖，代表著我們在偏離常軌時能得到的最大幸福；我們常常太過於投入手邊的工作，以至於要等到一段時間之後才發現，脫軌再也不能讓我們感到快樂。

錯覺資訊（illusory knowledge）：這類資訊幫助我們快速感知這個世界，但其中可能有落差，以至於導引出錯誤的假設。

簡潔律（Law of Prägnanz）：這條完形心理學的原理指出，人通常會以盡可能簡單的形式，來認知與解讀最模糊不清或最複雜的圖像。[10]

妙解人生（lifehack）：利用捷徑妙方提高一個人的生產力與福祉。

記錄生活（lifelogging）：這是一種利用追蹤個人數據，長期研究周遭世界的方法。

自我設限的信念（limiting belief）：令你裹足不前、無法完全發揮潛能的想法。

小決策（microdecision）：對於你的人生大有影響的日常小選擇。

心紋（mindprint）：個人思維流程、意圖、目標及興趣所組成的特有綜合體。

摩爾定律（Moore's Law）：一九六五年時英特爾共同創辦人戈登・摩爾所提出的預測：微晶片的數目和速度大約每兩年就會倍增。

超摩爾定律（more than Moore's Law）：預測運算產業未來將利用應用程式來判斷需要哪些晶片支援。[11]

樂觀主義（optimism）：相信自己的行為有其意義。

催產素（oxytocin）：一種強力的賀爾蒙，是大腦中的神經傳導物質，也稱為撫抱賀爾蒙（cuddle hormone）。

說服性科技（persuasive technology）：這是一門充滿活力的跨學科研究，重點在於揚棄專斷與欺騙的取向，改為透過說服或社交影響力來設計、開發與評估用於改變用戶態度或行為的互動式科技。[12]

報酬遞減法則（law of diminishing returns）：到了某一點時，得到的好處會小於投入的時間或精力。[13]

利社會行為（prosocial behavior）：意在嘉惠他人的自願性行為。[14]

量化自我（quantified self）：這是一場新興的運動，把科技與取得個人日常生活數據相結合，作為輸入參考資訊。[15]

「真的嗎?!」法則（"Really?!" Rule）：一種用來檢視是否該保留某件物品的試驗法則，我們要自問：「這種科技真的會讓我更幸福及／或更有生產力嗎？」

立體視覺（stereopsis）：利用結合兩眼來欺騙大腦的視覺刺激所產生的立體認知。[16]

扭轉性新聞（transformative journalism）：以主動、投入、解決方案為導向的方法來報導新聞。[17]

科技參考資料

1password	1password.com
Addapp	Addapp.io
AffdexMe	Affectiva.com
Anonymous	Anonofficial.com
BeHppy	Behppy.com
Better Block	Betterblock.org
BreakFree	Breakfree-app.com
Buycott	Buycott.com
Campfire	Campfireapp.io
Care2	Care2.com
Change	Change.org
Charity Miles	Charitymiles.org
Chronos	Getchronos.com
CitizInvestor	Citizinvestor.com
CityScore	Boston.gov/cityscore
Crowdrise	Crowdrise.com

Deedtags	Deedtags.com
Donate a Photo	Donateaphoto.com
ECHO	Kenzen.com
Ecohabitude	Ecohabitude.com
亦能（e-NABLE）	Enablingthefuture.org
電子管家網（e-Stewards）	E-stewards.org
Feedie	Wethefeedies.com
Fitbit	Fitbit.com
GiveGab	Givegab.com
GiveMob	Givemobapp.org
全球數位公民基金會（Global Digital Citizen Foundation）	Globaldigitalcitizen.org
Goodguide	Goodguide.com
Gratitude 365	Gratitude365app.com
Gratitude Journal	Getgratitude.co
H1	Halowearables.com
HabitBull	Habitbull.com
Habitica	Habitica.com
Habitify	Habitify.co
Happier	Happier.com
實現幸福公司（Happify）	Happify.com

Headspace	Headspace.com
Home	Apple.com/ios/home
人道之路（Humanity Road）	Humanityroad.org
Humans of New York	Humansofnewyork.com
Icis	Laforgeoptical.com
愛動實驗室（iMotions）	iMotions.com
Indiegogo	Indiegogo.com
Insight Timer	Insighttimer.com
Instant	Instantapp.today
Instead	Instead.com
ipassword	iPassword.com
iWatch	Apple.com
喬邦公司（Jawbone）	Jawbone.com
Kickstarter	Kickstarter.com
兒童無線上網器（KidsWifi）	Kidswifi.com
Kiva	Kiva.org
科特智慧型空氣感應器（Koto Air）	Koto.io
Laster SeeThru	Laster.fr/products/seethru
Life360（前身為Chronos）	Life360.com
LifeSaver	Iconlifesaver.com

LifeSum	Lifesum.com
幸福生活（Live Happy）	Livehappy.com
Live Intentionally	Liveintentionallyapp.com
魯摩挺背矯正器（Lumo Lift）	Lumobodytech.com
MapMyRun	Mapmyrun.com
後設公司（Meta）	Getameta.com
Mindfulness Training	Mindapps.se
Moment	Inthemoment.io
Moodies	Beyondverbal.com
MoodMeter	Moodmeterapp.com
「繆思」頭帶（Muse Headband）	Choosemuse.com
MyFitnessPal	Myfitnesspal.com
Narrative Clip	Narrativeapp.com
Neighbor.ly	Neighbor.ly
耐斯特公司（Nest）	Nest.com
NextDoor	Nextdoor.com
Nobly	Nobly.com
Norm-Social Philanthropy	Thenormapp.com
Oculus	Oculus.com
Offtime	Offtime.co

One Today	Onetoday.google.com
開放街圖（OpenStreetMap）	Openstreetmap.org
OpenTime	Opentimeapp.com
Peerby	Peerby.com
可塑性實驗室（Plasticity Labs）	Plasticitylabs.com
誘發潛能實驗室（Potentia）	Potentialabs.com
Productive	Productiveapp.io
光環專案（Project Aura）	Projectaura.com
PublicStuff	Publicstuff.com
「量化自我」（Quantified Self）	Quantifiedself.com
RealizD	Realizd.com
Remindfulness	Remindfulnessapp.com
Ripil	Ripil.com
掃地機器人（Roomba）	iRobot.com
魯希伯手機（Runcible）	Mono.hm
SeeClickFix	Seeclickfix.com
Shutterfly	Shutterfly.com
快照眼鏡（Snapchat Spectacles）	Spectacles.com
Soul Pancake	Soulpancake.com
Spare	Sparenyc.org

Spire Stone	Spire.io
待命任務小組 （Standby Task Force）	Standbytaskforce.org
無國界譯者 （Translators without Borders）	Translatorswithoutborders.org
Unplugged	Unpluggedtime.com
挺直（Upright）	Uprightpose.com
Way of Life	Wayoflifeapp.com
酒化為水（Wine to Water）	Winetowater.org
耶魯線上（Yale Online）	Coursera.org/yale

致謝

這本書是一幅拼貼圖，集結了多年來的想法、概念、靈感與夢想，全承蒙我的親朋好友在生活中與我分享。

和我合作、無私地把愛與心力傾注到本書中的每一個人，我由衷感謝。

波波：我的摯愛，你是我的磐石，我的行家，我的繆思，我的知己。沒有你就沒有這本書。你的想法、鼓勵、指教與編輯，珍貴無比。你堅定相信我的潛力與能力，對我來說非常重要。當我開始失去靈光，你幫我找回來；當我站不住腳，你幫我拉回我的第三支腳；當我在寫作期間一再想用筆記型電腦去砸牆壁時，是你溫柔地提醒我先備份再說。雖然你也忙著寫你自己的書，但你仍無私地讓步，讓我可以旅遊與寫作，你永遠都是「年度最佳父親」。這一切的一切，展現了你對我的愛，我對你的深深感激完全無法用筆墨表達。

尚恩：不管從實際上還是比喻上來說，都要感謝你把我從上舖推了下來。如果你沒這麼做，我永遠也不知道自己是一隻獨角獸，好思維公司可能不存在，也不會有這本書。我打從心裡感謝你鼓勵我成為演講者和作家，但最感激的是你對身為妹妹以及人生探險夥伴的我所付出的愛。

克莉絲蒂娜、嘉柏瑞拉和珂比・琳恩：這本書是為你們而寫的，希望每個人的未來都能更光明一些，但，在我寫作的過程中，你們反而給了我好多。克莉絲蒂娜，謝謝你在我坐在電腦旁邊工作太久時把我拖去參加舞會。嘉柏瑞拉，謝謝你每次在我出門返家時都以熱情的擁抱迎接我，不論我是為了演講出差好幾天，或只是去星巴克遛幾分鐘；我總能感受到你愛我。珂比・琳恩，謝謝你的體貼與直覺，在我的心思分神、疑惑與挫折時問我：「媽咪，你快樂嗎？」；你總知道如何用你甜美的聲音和依偎把我拉回當下。

爸媽：雖然你們兩位在自己的人生中也面臨種種挑戰，但還是把我和尚恩撫養成永遠的樂觀主義者。感謝你們不斷的鼓勵，告訴我們只要全心投入什麼都做得到，而且，不管我們要做什麼事，你們永遠都表達支持。爸，謝謝你用你的神經科學與認知研究震動了我們的心靈（實際意義與象徵意義皆適用），還讓我們經常入侵你的實驗室（或許此時正是為了我們所造成的一切破壞道歉的好時機？）。媽，謝謝你給了我對寫作的熱情，也謝謝你花了很多時間幫助我學習如何編寫與琢磨故事，好賦予其生命。

蜜雪兒：從我們第一次見面就吃掉一大碗草莓，到我看著你和我哥哥結婚時所說的誓言，你早已成為我生命中彌足珍貴的一部分。你秉持的說到做到精神，還有你對於世界的願景，在在啟發了我。謝謝你在我寫作本書期間持續給我的鼓勵、見解與支持。

錢卓拉（Chandra）：你就像守護天使一般，在適當的時間出現在我的生命裡，並以你的深刻洞見祝福我。感謝你成為我的人生教練與啦啦隊長，要我負起責任，不允許我找藉口逃避。最感謝你給我動力，推助我走上這條路。

演講人辦公室（Speakers Office）的珍妮（Jenny）、荷莉（Holli），以及團隊成員：我無法想像能與比你們更好的團隊合作。你們對細節的關注，你們的體貼，以及你們的支持，無人可比。當我決定轉換跑道、經營演講與寫作時，你們毫無猶疑，反而全心支持我的旅程，一路上鼓勵著我。你們是出色的夥伴，更早已成為我親愛的朋友。

班恩貝拉出版社（BenBella Books）的葛倫（Glenn）與團隊成員：感謝你們為了新手作家的我而冒險，並導引我找出這個早已成為我人生功課的主題。我很興奮能透過書寫讓研究有了生命，深深感謝你們給我這個機會。

黛比（Debbie）、維（Vy）和布萊恩（Brian）：感謝各位的專業編輯功力，使得這本書有了生命。你們對於細節、架構和內容的關注，實在太厲害了。本書能以現在如此精美的面貌呈現，全都歸功於你們！

值得媒體公司（Worthy Media Group）的詹美（Jayme）和團隊成員：感謝你們幫助我把這本書送到全球每一位讀者手上，讓我得以分享我的研究！

雅麗克希（Alexis）：初次見面之後，你一直在我心裡的某個角落，你也一直相信著我。我們分享生命中許多起起落落。你總是會說些鼓勵我的話，或是想出讓我嘗試的想法。我樂見你的創意化為現實，更期待看到你的冒險能把你帶到遠方！

漢娜（Hannah）：謝謝你的設計天分與支持。我想我還是不要說太多，免得別人也發現你太棒了，想要把你從我身邊偷走。

珍（Jen）：謝謝你幫我整合用字、色彩與圖像，以找出我的風格。在你推出自有品牌期間，你仍慷慨地把時間和才華分享給我，讓這本書有了生命，我也才能和他人分享我的願景與研究。

梅根（Megan）：我的星巴克寫作搭檔，你知道你在我的寫作過程中有多重要嗎？日復一日你坐在我身旁，幫助我驅趕因循苟且這隻臭蟲，你對於寫作的全心投入更鼓舞了我。我等不及要趕快讀到你付梓的新書了！

珍納（Janne）：我的意外好友，你就這樣進入我的生命，賜福給與我有聯繫的每一個人。你無私、給予的精神每天都令我讚嘆，你的真實也激發了我。你永遠不怕在我苦苦掙扎時為我發聲振聵，永遠在我質疑自我時立即回應，並幫助我走過心理障礙。謝謝你為我以及我們全家人帶來的禮物。

克兒西（Kelci）與喬登（Jordan）：感謝你們激勵我克服生命中的「應該」和「必須」，讓我能夠找到自己的聲音，自由創作。你們為我的生命帶來的愛與光刺激我前進，你們對我以及我家人付出的友誼是天賜的禮物。

凱西（Cathy）和葛瑞格（Greg）：我們多年來一直並肩前行，這一路上的每一步都有你們的足跡。我們為了孩子們的把戲歡笑，為了人生的意外哭泣，為了挫折大吐苦水，我們共享太多特別的回憶。感謝你們豐富了我以及我家人的生命。

訓練營的眾家女孩：感謝你們激發我（是誰逼我的？）跑了一場半馬，幫助我明白我可以擁有自己不曾夢想過的成就。感謝你們在我寫作本書期間陪我跑了這麼遠（對了，凱西，我到現在還是為了衝過終點線時你不在而感到遺憾）。

史蒂芬妮（Stephanie）和艾蜜莉（Emily）：謝謝你們的耐心與愛心，就連我在寫作期間消失了很久態度依然不改，謝謝你們一直沒放棄我。你們的友誼對我來說就是全世界了。

布蘭克森家族：謝謝你們當我的旅遊天使，永遠照看我、傾聽我、為我祈禱並鼓勵我。

漢蒙德家族（Hammond family）：謝謝你們在我第一次戒數位之癮時帶我去沙斯塔湖（Lake Shasta），用你們特有的創意鼓勵我，還全心投入閱讀我的稿子並幫我編輯，讓我深感被愛。

我所有的朋友同伴：感謝各位分享故事、想法、應用程式等等。請繼續！

注釋

導言　現代雜耍人生

1 Surowiecki, James. "Technology and Happiness." *MIT Technology Review*. 2005. <https://www.technologyreview.com/s/403558/technology-and-happiness/>

2 Report. "US Patent Statistics Report." US Patent and Trademark Office, 2015. <https://www.uspto.gov/web/offices/ac/ido/oeip/taf/us_stat.htm>

3 Report. "Digital Eye Strain." *The Vision Council*. 6 January 2016. <https://www.thevisioncouncil.org/digital-eye-strain-report-2016>

大哉問1　我們將何去何從？

1 "Information about Sea Turtles: Threats from Artificial Lighting." *Sea Turtle Conservancy Home Page*. Accessed 3 February 2016. <http://www.conserveturtles.org/seaturtleinformation.php?page=lighting>

2 "What Is STOP?" *Sea Turtle Oversight Protection About Page*. Accessed 3 February 2016. <http://www.seaturtleop.com/index.php/what-is-s-t-o-p>

3 Report. "The Sea Turtle Friendly Lighting Initiative." *University of Florida Law Clinics Page*. April 2014. <https://www.law.ufl.edu/_pdf/academics/clinics/conservation-clinic/Legal_and_Biological_Introduction.pdf>

4 Weller, Chris. "Exposure to Artificial Light from Electronics Disrupts Sleep Pattern, Causes Decreased Melatonin and Difficulty Falling Asleep." *Medical Daily Home Page*. 1 July 2013. <http://www.medicaldaily.com/exposure-artificial-light-electronics-disrupts-sleep-pattern-causes-decreased-melatonin-and-247286>

5 Gamble, Amanda L., Angela L. D'Rozario, Delwyn J. Bartlett, Shaun Williams, Yu Sun Bin, Ronald R. Grunstein, and Nathaniel S. Marshall. "Adolescent Sleep Patterns and Night-Time Technology Use: esults of the Australian Broadcasting Corporation's Big Sleep Survey." *PLoS ONE* 9, no. 11 (2014). doi:10.1371/journal.pone.0111700.

6 "Could You have 'Text Neck' Syndrome?" *HealthXchange Home Page*. Accessed 5 March 2016. <http://www.healthxchange.com.sg/healthyliving/HealthatWork/Pages/Could-You-Have-Text-Neck-Syndrome.aspx>

7 "Psychophysiological Patterns during Cell Phone Text Messaging: A Preliminary Study." *Applied Psychophysiology and Biofeedback*. 1 March 2009. <http://link.springer.com/article/10.1007/s10484-009-9078-1>

8 Sloane, Matt. "Text Neck' and Other Tech Troubles." Pain Management Health Center. *WebMD Home Page*. 26 November 2014. <http://www.webmd.com/pain-management/news/20141124/text-neck>

9 Cuddy, Amy. "Your iPhone Is Ruining Your Posture—and Your Mood." *New York Times*. 12 December 2015. <http://www.nytimes.com/2015/12/13/opinion/sunday/your-iphone-is-ruining-your-posture-and-your-mood.html?_r=0>

10 Renes, Kevin. "Abstract Illustration of Evolution." *Shutterstock Home Page*. Accessed 16 September 2016. <http://www.shutterstock.com/

pic-70386574.html>

大哉問2 沒了科技，我們會比較好嗎？

1 Stieben, Danny. "Google Glass Review and Giveaway." *Makeuseof.com*. 23 December 2013. <http://www.makeuseof.com/tag/google-glass-review-and-giveaway/>

2 *Crucial.com Home Page.* Accessed 5 March 2016. <http://www.Crucial.com>

3 Goldman, David. "The Hottest Tech of 2015 and Beyond." *CNN Money–US*. Updated 21 March 2012. <http://money.cnn.com/galleries/2012/technology/1203/gallery.coolest-tech-2015/7.html?iid=EL>

4 Tucker, Abigail. "How to Become Engineers of Our Own Evolution." *Smithsonian.com*. 1 April 2012. <www.smithsonianmag.com/science-nature/how-to-become-the-engineers-of-our-own-evolution-122588963/?no-ist>

5 Bruce, James."Four Technologies That Could Change the World." *MakeUseOf.com*. 30 October 2011. <http://www.makeuseof.com/tag/4-technologies-change-world/>

6 Al-Rodhan, Navyef. "Inevitable Transhumanism? How Emerging Strategic Technologies Will Affect The Future of Humanity." *The CSS Blog*. 29 October 2013. <http://isnblog.ethz.ch/security/inevitable-transhumanism-how-emerging-strategic-technologies-will-affect-the-future-of-humanity>

7 Kushlev, Konstadin. "Checking Email Less Frequently Reduces Stress." Computers in Human Behavior. *ScienceDirect.com*. 1 February 2015. <http://www.sciencedirect.com/science/article/pii/S0747563214005810>

8 Calvo, Rafael A., and Dorian Peters. *Positive Computing: Technology for Wellbeing and Human Potential*. Cambridge, MA: MIT Press, 2014.

9 Gribetz, Meron. "A Glimpse of the Future through an Augmented Reality Headset." *Ted.com*. 1 March 2016. <https://www.ted.com/talks/meron_gribetz_a_glimpse_of_the_future_through_an_augmented_reality_headset/transcript?language=en#t-1072>

大哉問3 未來的幸福會是什麼模樣？

1 Aristotle. *Nicomachean Ethics*. Rev. ed. Edited by H. Rackham. Loeb Classical Library. Cambridge, MA: Harvard University Press, 1934.

策略1 穩住陣腳

1 "Technology Addiction, Concern, and Finding Balance." *CommonSense.com*. Accessed 15 March 2016. <https://www.commonsensemedia.org/research/technology-addiction-concern-controversy-and-finding-balance>

2 Art Markman. "How Distraction Can Disrupt You." Ulterior Motives. *PsychologyToday.com*. 18 March 2014. <https://www.psychologytoday.com/blog/ulterior-motives/201403/how-distraction-can-disrupt-you>

3 Madden, Mary, and Amanda Lenhart. "Teens and Distracted Driving: Texting, Talking and Other Uses of the Cell Phone Behind the Wheel." *Pew Research Center*. 16 November 2009. http://www.pewinternet.org/2009/11/16/teens-and-distracted-driving/>

4 Sullivan, Bob, and Hugh Thompson. "Brain Interrupted." *New York Times Sunday Review*. 4 May 2013. http://www.nytimes.com/2013/05/05/opinion/sunday/a-focus-on-distraction.html>

5 *LasterTechnologies Home Page.* Accessed 13 September 2016. <http://laster.fr/products/seethru/>

6 *LaForgeOptical Home Page.* Accessed 13 September 2016. <http://www.laforgeoptical.com/>

7 "Avoid the Unexpected." *Google Glass Home Page.* 28 May 2016. <https://developers.google.com/glass/design/principles#avoid_the_unexpected>

8 Smith, Aaron. "The Best (and Worst) of Mobile Connectivity." *Pew Research Center.* 30 November 2012. <http://www.pewinternet.org/Reports/2012/Best-Worst-Mobile.aspx>

9 Kelleher, David. "Survey: 81% of US Employees Check Their Work Email Outside of Work Hours." *TalkTechToMe Home Page* 21 May 2013. <http://www.gfi.com/blog/survey-81-of-u-s-employees-check-their-work-mail-outside-work-hours/>

10 Meeker, Mary, and Liang Wu. "Internet Trends D11 Conference." 29 May 2013. http://www.slideshare.net/kleinerperkins/kpcb-internet-trends-2013>

11 "It's Happening Now: Preorder a Runcible of Your Very Own Today." *Monohm Home Page.* Accessed 15 September 2015. Runcible. <http://mono.hm/runcible.html>

12 "Runcible—Circular Open Source Anti-Smartphone." *Indiegogo Home Page.* 22 July 2016. <https://www.indiegogo.com/projects/runcible--2#/>

13 Kelly, Heather. "A $499 Phone for People Who Hate Phones." *CNN Money Home Page.* 15 June 2016. <http://money.cnn.com/2016/06/15/technology/runcible-phone/index.html>

14 Solow, Robert. "We'd Better Watch Out." *New York Times Book Review.* 12 July 1987, p. 36.

15 Iny, Alan, and Luc de Brabandere."The Future Is Scary. Thinking Creatively Can Help." *BCG Perspectives*. 9 October 2013. <https://www.bcgperspectives.com/content/commentary/innovation_future_scary_thinking_creatively_help/>

16 Gerdeman, Dina. "How Electronic Patient Records Can Slow Doctor Productivity." 26 March 2014. *Harvard Business School: Working Knowledge*. <http://hbswk.hbs.edu/item/how-electronic-patient-records-can-slow-doctor-productivity>

17 Granderson, L. Z. "Do You Remember Your Mom's Phone Number?" *CNN Opinion Home Page*. 30 September 2012. <http://www.cnn.com/2012/09/25/opinion/granderson-technology-phones/>

18 Kain, Helen. "Focus—Use It or Lose It." *MyAuthenticImpact Home Page*. 5 April 2016. <http://www.myauthenticimpact.com/2016/04/focus-use-it-or-lose-it/>

19 Pea, Roy, et al. "Media Use, Face-to-Face Communication, Media Multitasking, and Social Well-Being among 8–12 Year Old Girls." *Developmental Psychology* 48 (2012): 327–336.

20 Przybylski, A. K., and N. Weinstein. "Can You Connect With Me Now? How the Presence of Mobile Communication Technology Influences Face-to-Face Communication Quality." *Journal of Social and Personal Relationships,* 30 (2013): 237–246.

21 Piore, Adam. "What Technology Can't Teach Us about Happiness." *Nautil.us Home Page*. 17 September 2015. <http://nautil.us/issue/28/2050/what-technology-cant-change-about-happiness>

22 Bargh, John. "Automaticity in Cognition Motivation and Evaluation." *Yale University Home Page*. Accessed 17 August 2016. <http://www.yale.edu/acmelab/articles/Internet_and_Social_Life.pdf>

23 Attridge, Mark, Ellen Berscheid, and Jeffry A. Simpson. "Predicting

Relationship Stability from Both Partners versus One." *Journal of Personality and Social Psychology* 69, no. 2 (1995): 254–68. doi:10.1037/0022-351 4.69.2.254.

24 Hill, Charles T., Zick Rubin, and Letitia Anne Peplau. "Breakups before Marriage: The End of 103 Affairs." *Journal of Social Issues* 32, no. 1 (1976): 147–68. doi:10.1111/j.1540-4560.1976.tb02485.x.

25 Zickuhr, Kathryn, and Aaron Smith. "Digital Differences." Pew Research Center Home Page. 13 April 2012. <http://www.pewinternet.org/2012/04/13/digital-differences/>

26 *Alioscopy Home Page.* Accessed 15 April 2016. <http://www.alioscopy. com/en/principles.php>

27 Kushlev, Kostadin, and Elizabeth W. Dunn. "Checking Email Less Frequently Reduces Stress." Computers in Human Behavior. *Science Direct Home Page.* 1 February 2015. http://www.sciencedirect.com/science/article/pii/S0747563214005810

28 Ibid.

29 Gibson, Tom. "We Are Not Linear Processes." *Medium Home Page.* Accessed 31 July 16. <https://medium.com/better-humans/f0858a0cda88>

30 *KidsWifi Home Page.* Accessed 8 November 2016. <http:kidswifi.com>

31 Csikszentmihalyi, Mihaly. *Flow: The Psychology of Optimal Experience.* New York: Harper & Row, 1990.

策略2　了解自我

1 Press Release. "IDC Forecasts Worldwide Shipments of Wearables to Surpass 200 Million in 2019, Driven by Strong Smartwatch Growth." *IDC Research Home Page.* 17 December 2015. <https://www.idc.com/

getdoc.jsp?containerId=prUS40846515>

2 Furian, Peter Hermes. "Illusory Contours." *Shutterstock Home Page.* Accessed 7 November 2016. < http://www.shutterstock.com/pic-456101923.html>

3 Alba, Joseph W., and J. Wesley Hutchinson. "Knowledge Calibration: What Consumers Know and What They Think They Know." *Journal of Consumer Research* 27, no. 2 (2000): 123–56. doi:10.1086/314317.

4 McKeown, Les. "The Most Overlooked Key to Leading a Successful Company." *Inc.com Home Page* 22 October 2013. <http://www.inc.com/les-mckeown/secret-to-success-this-is-it.html>

5 Gladwell, Malcolm. *The Tipping Point: How Little Things Can Make a Big Difference*. Boston: Little, Brown, 2000.

6 Speech. Lorenz, E. N. (1972). "Predictability: Does the Flap of a Butterfly's Wings in Brazil Set Off a Tornado in Texas?" *139th Annual Meeting of the American Association for the Advancement of Science*. 29 December 1972.

7 Report. "State of the Global Workplace." Gallup Home Page. 2014. <http://www.gallup.com/services/178517/state-global-workplace.aspx>

8 "About the Quantified Self." *Quantified Self About Page.* Accessed 8 May 2015. <http://quantifiedself.com/about/>

9 "Lifelogging." *LifestreamBlog Home Page.* Accessed 17 May 2016. <http://lifestreamblog.com/lifelogging/>

10 Fox, Susannah, and Maeve Duggan. "Tracking for Health." Internet & Tech. *Pew Research Center Home Page*. 28 January 2013. <http://www. pewinternet.org/Reports/2013/Tracking-for-Health.aspx>

11 Kelly, Samantha Murphy. "The Most Connected Man Is You, Just a Few Years From Now: Does Chris Dancy Represent Our Enlightened

Future or Lonley Self-Awareness?" *Mashable Home Page.* 21 August 2014. <http://mashable.com/2014/08/21/most-connected-man/>

12 *Feltron Home Page.* Accessed 8 May 2016. <http://feltron.com/info.html>

13 Ramirez, Ernesto. "Are They Improving with Data?" *Quantified Self Home Page*. 19 November 2014. <http://quantifiedself.com/2014/11/quantifying-classroom/>

14 Leonardi, Kevin. "Cerebral Curiosity: Graduate Student Steven Keating Takes a Problem-Solving Approach to His Brain Cancer." *Massachusetts Institute of Technology News Page*. 1 April 2015. <http://news.mit.edu/2015/student-profile-steven-keating-0401>

15 "The Human Cloud at Work: A Study into the Impact of Wearable Technologies in the Workplace." *Rackspace UK Home Page*. 1 April 2014. <https://www.rackspace.co.uk/sites/default/files/Human%20Cloud%20at%20Work.pdf>

16 Li, Ian. "Disasters in Personal Informatics: The Unpublished Stories of Failure and Lessons Learned." *Personal Informatics Home Page.* 14 September 2013. <http://www.personalinformatics.org>

17 Tierney, John. "Do You Suffer From Decision Fatigue?" *New York Times Magazine,* August 2011, MM33. <http://www.nytimes.com/2011/08/21/magazine/do-you-suffer-from-decision-fatigue.html?_r=0>

18 "Enjoy Work Again." *Spire Home Page.* Accessed 15 May 2015. <https://www.spire.io/enjoy-work>

19 Fogg, BJ. "Thoughts on Persuasive Technology." *Stanford Persuasive Tech Lab Home Page.* 1 November 2010. <http://captology.stanford.edu/resources/thoughts-on-persuasive-technology.html>

20 Byrnes, Nanette. "Technology and Persuasion." *MIT Technology*

Review Home Page. 23 March 2015. <https://www.technologyreview.com/s/535826/technology-and-persuasion/>

21 "A Smart Coach by Your Side." *Jawbone Home Page*. 28 January 2015. <https://jawbone.com/blog/smart-coach-side/>

22 "NailO: Fingernails as an Input Surface." *MIT Media Lab Home Page*. Accessed 15 May 2015. <http://nailo.media.mit.edu/>

23 McFarland, Matt. "This Tattoo That Controls a Smartphone May Be a Glimpse of the Future." *CNN Money*. 15 August 2016. <http://money.cnn.com/2016/08/15/technology/mit-tattoo/>

24 Gomez, Jess. "Researchers Develop Smartphone Technology and App to Diagnose and Monitor Adrenal Gland Diseases." *Intermountain Healthcare Home Page*. 7 August 2014. <https://intermountainhealthcare.org/blogs/2014/08/smartphones-diagnose-adrenal-gland-diseases/>

25 Nguyen, My. "We Will Make You Sweat." *Wearable Technologies Home Page*. 17 February 2016. <http://www.wearable-technologies.com/2016/02/we-will-make-you-sweat/>

26 Gao, Wei, et al. "Fully Integrated Wearable Sensor Arrays for Multiplexed In Situ Perspiration Analysis." *Nature* 529, no. 7587 (2016): 509–14. doi:10.1038/nature16521.

27 Mann, Steve. "Wavelets and 'Chirplets': Time–Frequency 'Perspectives' with Applications." *Advances in Machine Vision Strategies and Applications* (1992), 99–128. doi:10.1142/9789814355841_0006.

28 Mann, Steve, et al. "Wearable Computing, 3D Aug* Reality, Photographic/Videographic Gesture Sensing, and Veillance." *Proceedings of the Ninth International Conference on Tangible, Embedded, and Embodied Interaction—TEI '14*, 2015.

doi:10.1145/2677199.2683590.

29 Mann, Steve. "Phenomenal Augmented Reality: Advancing Technology for the Future of Humanity." *IEEE Consumer Electronics Magazine*, 4 (2015): 92-97. doi:10.1109/mce.2015.2463312.

30 *Meta Home Page.* Accessed 5 March 2015. <http://getameta.com>

策略3 訓練你的大腦

1 *Lifelong Kindergarten Home Page.* Accessed 5 March 2015. <https://llk.media.mit.edu>

2 Hernandez, Javier, Mohammed (Ehsan) Hoque, Will Drevo, and Rosalind W. Picard. "Mood Meter." Proceedings of the 2012 ACM Conference on Ubiquitous Computing—UbiComp '12, 2012. doi:10.1145/2370216.2370264.

3 ———. "Mood Meter: Counting Smiles in the Wild." *Proceedings of International Conference on Ubiquitous Computing (Ubicomp)*, September 2012.

4 Hernandez, Javier, Akane Sano, Miriam Zisook, Jean Deprey, Matthew Goodwin, and Rosalind W. Picard. "Analysis and Visualization of Longitudinal Physiological Data of Children with ASD." *Extended Abstract of IMFAR 2013*. San Sebastian, Spain: May 2–4, 2013.

5 Hernandez, Javier, Ian Riobo, Agata Rozga, Gregory D. Abowd, and Rosalind W. Picard. "Using Electrodermal Activity to Recognize Ease of Engagement in Children during Social Interactions." *International Conference on Ubiquitous Computing*. Seattle, WA: September 2014, 307–317.

6 Eknath, Easwaran. *Meditation: Commonsense Directions for an Uncommon Life*. Petaluma, CA: Nilgiri Press, 1978.

7 McGreevey, Sue. "Eight Weeks to a Better Brain: Meditation Study

Shows Changes Associated with Awareness, Stress." *Harvard Gazette.* 21 January 2011. <http://news.harvard.edu/gazette/story/2011/01/eight-weeks-to-a-better-brain/>

8 Kaufman, Scott Barry. "Reasoning Training Increases Brain Connectivity Associated with High-Level Cognition." *Scientific American.* 18 March 2013. <http://blogs.scientificamerican.com/beautiful-minds/reasoning-training-increases-brain-connectivity-associated-with-high -level-cognition>

9 Malinowski, Peter, and Hui Jia Lim. "Mindfulness at Work: Positive Affect, Hope, and Optimism Mediate the Relationship between Dispositional Mindfulness, Work Engagement, and Well-Being." *Mindfulness* 6 (2015): 1250–62. doi:10.1007/s12671-015-0388-5.

10 Achor, Shawn. *The Happiness Advantage.* New York: Broadway Books, 2010.

11 Dweck, Carol S. *Mindset: The New Psychology of Success*. New York: Random House, 2006.

12 Fredrickson, Barbara L. "The Broaden-and-Build Theory of Positive Emotions." *The Science of Well-Being,* 2005, 216–39. doi:10.1093/acprof :oso/9780198567523.003.0008. <http://www.ncbi.nlm.nih.gov/pmc/articles/PMC1693418/pdf/15347528.pdf>

13 *Plasticity Labs Home Page.* Accessed 10 October 2016. <http://plasticitylabs.com>

14 *Lumo Lift Home Page*. Accessed 15 March 2015. <http://lumolift.com>

15 *Upright Home Page*. Accessed 15 March 2015. <http://upright.com>

16 Dweck, Carol. "Carol Dweck Revisits the 'Growth Mindset.' " *Education Week.* 22 September 2015. <http://www.edweek.org/ew/articles/2015/09/23/carol-dweck-revisits-the-growth-mindset.html>

17 Sterbenz, Christina. "I Tried a Startup That Claims to Make 86% of Users Happier . . ." *Business Insider.* 20 October 2016. <http://www.businessinsider.com/i-tried-a-startup-thats-supposed-to-make-me-86-happier-heres-how-it-works-2015-10>

18 Lyubomirsky, Sonja. *The How of Happiness: A Scientific Approach to Getting the Life You Want.* New York: Penguin, 2008.

19 Carpenter, Derrick. "The Science Behind Gratitude (and How It Can Change Your Life)." *Happify Daily.* 22 September 2015. <http://my.happify.com/hd/the-science-behind-gratitude>

20 Emmons, Robert A. *Thanks!: How Practicing Gratitude Can Make You Happier.* New York: Houghton Mifflin, 2008.

21 Alvaro Fernandez."How 'Saying Thanks' Will Make You Happier." *Huffington Post.* 17 November 2011. <http://www.huffingtonpost.com/alvaro-fernandez/how-saying-thanks-will-ma_b_76344.html?>

22 Steger, Michael F., and Todd B. Kashdan. "The Unbearable Lightness of Meaning: Well-Being and Unstable Meaning in Life." *The Journal of Positive Psychology* 8, no. 2 (2013): 103–15. doi:10.1080/17439760.2013.7 71208.

23 "The Science of Giving: Why Being Generous Is Good for You." *Happify Daily.* 15 March 2015. <http://my.happify.com/hd/science-of-giving-infographic/>

24 Barsade, Sigal G. "The Ripple Effect: Emotional Contagion and Its Influence on Group Behavior." *Administrative Science Quarterly,* 47.4 (2002): 644–75.

策略4 為幸福營造棲地

1 Bradley, Laura. "Snakes on the 'Glades." *US News and World Report.* 21 July 2014. <http://www.usnews.com/news/articles/2014/07/21/

invasive-pythons-threaten-florida-everglades>

2 Shakespeare, William. *Hamlet*. Cyrus Hoy, ed. New York: W. W. Norton, 1996.

3 Waldrop, M. Mitchell. "The Chips Are Down for Moore's Law." *Nature*. 9 February 2016. <http://www.nature.com/news/the-chips-are-down-for-moore-s-law-1.19338>

4 Press Release. "IDC Forecasts Worldwide Shipments of Wearables to Surpass 200 Million in 2019, Driven by Strong Smartwatch Growth." *IDC Research Home Page*. 17 December 2015. <https://www.idc.com/getdoc.jsp?containerId=prUS40846515>

5 McGonigal, Kelly. "Why It's Hard to Let Go of Clutter." *Psychology Today Home Page*. 7 August 2012. <http://www.psychologytoday.com/blog/the-science-willpower/201208/why-it-s-hard-let-go-clutter>

6 Wolf, James, Hal R. Arkes, and Waleed Muhanna. "The Power of Touch: An Examination of the Effet of Duration of Physical Contact on the Valuation of Objects." *Judgment and Decision Making* 3, no. 6 August 2008, 476–82.

7 Hill, Graham. "Living with Less. A Lot Less." *New York Times*. 9 March 2013. <http://www.nytimes.com/2013/03/10/opinion/sunday/living-with-less-a-lot-less.html?pagewanted=2&_r=0&hp>

8 Doland, Erin. "Scientists Find Physical Clutter Negatively Affects Your Ability to Focus, Process Information." *Unclutterer Home Page*. 29 March 2011. <http://unclutterer.com/2011/03/29/scientists-find-physical-clutter-negatively-affects-your-ability-to-focus-process-information/>

9 Widrich, Leo. "What Multitasking Does to Our Brains." *Buffer App Home Page*. 26 June 2012. <http://blog.bufferapp.com/what-multitasking-does-to-our-brains>

10 Kondo, Marie. *The Life Changing Magic of Tidying Up: The Japanese Art of Decluttering and Organizing.* New York: Random House, 2014.

11 Wang, Yiran, Melissa Niiya, Gloria Mark, Stephanie M. Reich, and Mark Warschauer. "Coming of Age (Digitally)." Proceedings of the 18th ACM Conference on Computer Supported Cooperative Work & Social Computing—CSCW '15, 2015. doi:10.1145/2675133.2675271.

12 Ibid.

13 Green, Penelope. "Saying Yes to Mess." *New York Times.* 21 December 2006. <http://www.nytimes.com/2006/12/21/garden/21mess.html?pagewanted=all>

14 Baldé, C. P., F. Wang, R., Kuehr, and J. Huisman. "The Global E-waste Monitor—2014." *United Nations University, IAS—SCYCLE.* Bonn, Germany, 2015.

15 *Ship'N'Shred Home Page.* Accessed 8 November 2016. <http://shipnshred. com>

16 Lippe-McGraw, Jordi. "How to Feng Shui Your Digital Life in 20 Minutes or Less." *Today.com Home Page.* 4 November 2015. <http://www.today.com/health/how-feng-shui-your-digital-life-20-minutes-or-less -t53386>

17 Cho, Miakel. "How Clutter Affects You (And What You Can Do About It)." *Crew Home Page.* 24 January 2014. <https://ooomf.com/blog/how-clutter-effects-you-and-what-you-can-do-about-it/>

18 Becker, Joshua. "25 Areas of Digital Clutter to Minimalize." *Becoming Minimalist Home Page.* 11 June 2010. <http://www.becomingminimalist.com/25-areas-of-digital-clutter-to-minimalize/>

19 Lyubomirsky, Sonja. *The How of Happiness: A Scientific Approach to Getting the Life You Want.* New York: Penguin Press, 2008.

20 Benn, Caroline L., et al. "Environmental Enrichment Reduces

Neuronal Intranuclear Inclusion Load but Has No Effect on Messenger RNA Expression in a Mouse Model of Huntington Disease." *Journal of Neuropathology & Experimental Neurology* 69, no. 8 (2010): 817–27. doi:10.1097/nen.0b013e3181ea167f.

21 Spires, T. L. "Environmental Enrichment Rescues Protein Deficits in a Mouse Model of Huntington's Disease, Indicating a Possible Disease Mechanism." *Journal of Neuroscience* 24, no. 9 (2004): 2270–76. doi:10.1523/jneurosci.1658-03.2004.

22 Novak, Matt. "50 Years of the Jetsons: Why the Show Still Matters." *Smithsonian Magazine*. 19 September 2012. <http://www.smithsonianmag.com/history/50-years-of-the-jetsons-why-the-show-still-matters-43459669/>

23 Mackow, Rachel, and Jared Rosenbaum. "Closer Than We Think." 26 February 2011. <http://arthur-radebaugh.blogspot.com/p/closer-than-we-think.html>

24 Dudley-Nicholson, Jennifer. "The Jetsons' Vision of the Future 51 Years." *News Corp Australia Network*. 23 September 2013. <http://www.news.com.au/technology/the-jetsons8217-vision-of-the-future-51-years-ago-spoton/story-e6frfro0-1226725268775>

25 "Disney Previews New Mobile Games, New Ways to Experience Star Wars at 2016 Game Developer's Conference." *The Walt Disney Company Home Page*. 30 March 2016. <https://thewaltdisneycompany.com/disney-previews-new-mobile-games-new-ways-to-experience-star-wars-at-2016-game-developers-conference/>

26 Kolodny, Lora. "Why Apple Wants to Be the Smart Home's Nerve Center." *TechCrunch*. 13 June 2016. < http://techcrunch.com/2016/06/13/why-apple-wants-to-be-the-smart-homes-nerve-center/>

27 McCann, Laurenellen. "But What Is 'Civic'?" *Civic Hall*. 1 May 2015. <http://civichall.org/civicist/what-is-civic/>

28 Labarre, Suzanne. "Google London's New Office Is a Happy Kiddie Funhouse: It's Fingerpaintin' Time!" *FastCoDesign*. 27 January 2011. <http://www.fastcodesign.com/1663112/google-london-s-new-office-is-a-happy-kiddie-funhouse-slideshow>

29 Bock, Laszlo. "Two Minutes to Make you Happier at Work, in Life . . . and Over the Holidays." *LinkedIn Home Page*. 24 November 2014. <https://www.linkedin.com/pulse/20141124163631-24454816-twominutes-to-make-you-happier-at-work-in-life-and-over-the-holidays?trk-SplashRedir=true&forceNoSplash=true>

30 Finch, Sidd. "Fancy Job Perks Won't Make You Happy." *The- Hustle Home Page*. 14 September 2015. <http://thehustle.co/fancy-job-perks-wont-make-you-happy>

31 Bock, Laszlo. "Google's Scientific Approach to Work-Life Balance (and Much More)." *Harvard Business Review*. 27 March 2014. <https://hbr.org/2014/03/googles-scientific-approach-to-work-life-balance-and-much-more>

32 Ibid.

33 2013 U.S. Workplace Survey. *Gensler*. 15 July 2013. <http://www.gensler.com/research-insight/research/the-2013-us-workplace-survey-1>

34 Thornton, Bill, Alyson Faires, Maija Robbins, and Eric Rollins. "The Mere Presence of a Cell Phone May Be Distracting." *Social Psychology* 45, no. 6 (2014): 479–88. doi:10.1027/1864-9335/a000216.

35 "CFO Survey Europe." Report. School for Business and Society, TIAS. Q2 2013. <http://www.cfosurvey.org/2016q2/Q2-2016-

EuropeSummaryEnglish.pdf>

36 Lapowsky, Issie. "Get More Done," *Inc. Magazine,* April 2013.

37 Kaszniak, Alfred W., David M. Levy, Marilyn Ostergren, and Jacob O. Wobbrock. "The Effects of Mindfulness Meditation on Chronic Headaches, Stress, and Negative Emotions in High School Teachers." *Proceedings of Graphics Interface (GI '12).* Toronto, Ontario (28–30 May 2012). Toronto, Ontario: Canadian Information Processing Society, pp. 45–52.

38 "The Impact of Office Design on Business Performance." Report. *The Commission for Architecture & the Built Environment*, 2011.

39 Sargent, Kay. "Google Didn't 'Get It Wrong': A Deeper Look into That Recent WAPO Piece about Open Offices." *WorkDesign-Magazine.* 7 January 2015. <http://workdesign.com/2015/01/google-didnt-get-wrong-deeper-look-recent-wapo-piece-open-offices>

40 "What Workers Want." Report. *British Council for Offices*. 30 April 2013. <http://www.bco.org.uk/Research/Publications/What_Workers_Want2013.aspx>

41 Mayo, Keenan. "Five Broadway Lessons for Fixing Office Life." *Bloomberg Home Page.* 8 July 2013. <http://www.bloomberg.com/news/articles/2013-07-08/five-broadway-lessons-for-fixing-office-life>

42 Breene, Sophia, and Shana Lebowitz. "Why Are Google Employees So Damn Happy?" *Greatist Home Page.* 28 May 2013. < http://greatist.com/happiness/healthy-companies-google>

43 University of Exeter. "Designing Your Own Workspace Improves Health, Happiness and Productivity." *ScienceDaily.* 8 September 2010. <www.sciencedaily.com/releases/2010/09/100907104035.htm>

44 "Take a Two Minute Staycation in the Cigna Virtual Relaxation Pod." *ThisIsStory Home Page.* 2 February 2016. <http://thisisstory.com/take-

a-two-minute-staycation-in-the-cigna-virtual-relaxation-pod/>

45 Randall, Tom. "The Smartest Building in the World." *Bloomberg Home Page*. 23 September 2015. <http://www.bloomberg.com/features/2015-the-edge-the-worlds-greenest-building/>

46 *Maki and Associates: Architects and Planning Home Page*. Accessed 16 August 2016. <http://www.maki-and-associates.co.jp/>

47 Tereshko, Elizabeth, and Zenovia Toloudi. "MIT Media Lab: Architecture as a Living Organism." *ShiftBoston Home Page*. 16 December 2011. <http://blog.shiftboston.org/2011/12/mit-media-lab-architecture-as-a-living-organism>

48 Cromwell, Sharon. "The School of the Future." *EducationWorld Home Page*.1998. <http://www.educationworld.com/a_curr/curr046.shtml#sthash.mplXzgO7.nD6SuHa9.dpuf>

49 *TaxiDog Educational Program Home Page*. Accessed 3 March 2016. <http://taxidogedu.org>

50 Madden, Mary, Amanda Lenhart, Sandra Cortesi, Urs Gasser, Maeve Duggan, Aaron Smith, and Meredith Beaton. "Teens, Social Media and Privacy." Report. *Pew Research Center*. 21 May 2013. <http://www.pew internet.org/2013/05/21/teens-social-media-and-privacy/>

51 *KidsWifi Home Page*. Accessed 8 November 2016. <http://kidswifi.com>

52 Margalit, Liraz. "This Is What Screen Time Really Does to Kids' Brains." *PsychologyToday* Home Page. 17 April 2016. <https://www.psychologytoday.com/blog/behind-online-behavior/201604/what-screen-time-really-does-kids-brains>

53 Chen, Brian X. "What's the Right Age for a Child to Get a Smartphone?" *The New York Times*. 20 July 2016. < http://www.nytimes. com/2016/07/21/technology/personaltech/whats-the-right-

age-to-give-a-child-a-smartphone.html?em_pos=small&emc=edit_ml_20160721&nl=well-family&nl_art=4&nlid=74046621&ref=headline&te=1&_r=0>

54 *BreakFree Home Page.* Accessed 5 September 2016. <breakfree-app.com>

55 Perez, Sarah. "A New App Called Offtime Helps You Unplug without Missing Out." *TechCrunch Home Page.* 1 October 2014. <http://techcrunch.com/2014/10/01/a-new-app-called-offtime-helps-you-unplug-without-missing-out/?>

56 Przybylski, A. K., and N. Weinstein. "Can You Connect with Me Now? How the Presence of Mobile Communication Technology Influences Face-to-Face Conversation Quality." *Journal of Social and Personal Relationships* 30, no. 3 (2012): 237–46. doi:10.1177/0265407512453827.

57 Thornton, Bill, Alyson Faires, Maija Robbins, and Eric Rollins. "The Mere Presence of a Cell Phone May Be Distracting." *Social Psychology* 45, no. 6 (2014): 479–88. doi:10.1027/1864-9335/a000216.

58 Rhee, Hongjai, and Sudong Kim. "Effects of Breaks on Regaining Vitality at Work: An Empirical Comparison of 'Conventional' and 'Smart Phone' Breaks." *Computers in Human Behavior* 57 (2016): 160–67. doi:10.1016/j.chb.2015.11.056.

59 Matthews, Gail. "Goals Research Study." Research presented at the *Ninth Annual International Conference of the Psychology Research Unit of Athens Institute for Education and Research.* 28 May 2015. <http://www.dominican.edu/academics/ahss/undergraduate-programs/psych/faculty/assets-gail-matthews/researchsummary2.pdf>

策略5 以特意自覺從事創新

1 Weisberg, Jason. "We Are Hopelessly Hooked." *The New York Review of Books*. 25 February 2016. <http://www.nybooks.com/articles/2016/02/25/we-are-hopelessly-hooked/>

2 Calvo, Rafael A., and Dorian Peters. *Positive Computing: Technology for Wellbeing and Human Potential*. Cambridge: The MIT Press, 2014.

3 Helliwell, John F., Richard Layard, and Jeffrey Sachs, eds. *World Happiness Report 2012*. New York: Sustainable Development Solutions Network, 2013.

4 Tapscott, Don, and Anthony D. Williams. *Wikinomics: How Mass Collaboration Changes Everything*. New York: Portfolio, 2006.

5 Chivers, Tom. "The Story of Google Maps." *The Telegraph UK*. 4 June 2013. <http://www.telegraph.co.uk/technology/google/10090014/the-story-of-google-maps.html>

6 *Kickstarter About Page*. Accessed 1 November 2015. <https://www.kickstarter.com/about>

7 *Climate CoLab Home Page*. Accessed 1 November 2015. <http://climatecolab.org>

8 Evans, Philip, and Patrick Forth. "Borges' Map: Navigating a World of Digital Disruption." *Digital Disrupt Home Page*. 1 June 2015. <http://digitaldisrupt.bcgperspectives.com>

9 "The United States Digital Service." *The White House Home Page*. Accessed 1 August 2016. <https://www.whitehouse.gov/participate/united-states-digital-service>

10 Goldman, Jason. "Announcing South by South Lawn White House Festival of Ideas, Art and Action." *The White House Home Page*. 1 September 2016. <https://www.whitehouse.gov/blog/2016/09/01/announcing-south-south-lawn-white-house-festival-ideas-art-and-action>

11 Sheplelavy, Roxanne Patel. "Internet All Your Things." 20 July 2016. <http://thephiladelphiacitizen.org/internet-of-things-free-wifiphiladelphia/>

12 Sanders, Jennifer. *The Dallas Innovation Alliance Home Page.* 26 September 2016. <http://www.dallasinnovationalliance.com/news/2016/9/23/new-dallas-innovation-alliance-initiatives-highlighted-by-white-house>

13 Enwemeka, Zeninjor. "What's Boston's Score Today? City Launches Data Platform to Track Progress on Services." *WBUR News Home Page.* 15 January 2016. <https://www.wbur.org/2016/01/15/boston-cityscore-dashboard>

14 "CityScore." *City of Boston Home Page.* Updated 14 October 2016. <https://www.boston.gov/cityscore>

15 *The Better Block Foundation Home Page.* Accessed 14 October 2016. <http://betterblock.org>

16 Leson, Heather. "How Digital Humanitarians Are Closing Worldwide Disaster Response." *Huffington Post.* <http://www.huffingtonpost.com/heather-leson/how-digital-humanitarians_b_9101950.html?utm_hp_ref=whats-working&utm_content=30768729&utm_medium=social&utm_source=facebook>

17 *Humanity Road Home Page*. Accessed 10 October 2016. <http://humanityroad.org/>

18 *Wine To Water Home Page.* Accessed 10 October 2016. < http://www.winetowater.org/>

19 Pritchard, Michael. "How to Make Filthy Water Drinkable." *TED Home Page.* 1 August 2009. <https://www.ted.com/talks/michael_pritchard_invents_a_water_filter/transcript?language=en>

20 Connors, Mike. "Nansemond-Suffolk Student Takes a 3-D Printing

Class on a Lark, Makes Prosthetics to Help Children." *Virginian Pilot Home Page.* 19 August 2016. <http://pilotonline.com/news/local/education/nansemond-suffolk-student-takes-a--d-printing-class-on/article_badf3d56-19a1-5456-8704-5f81399e1837.html>

21 "Conscious Consumerism." *The Center for a New American Dream Home Page.* Accessed 14 August 2016. <https://www.newdream.org/programs/beyond-consumerism/rethinking-stuff/conscious-consumerism>

22 Dunn, Elizabeth W., Lara B. Aknin, and Michael I. Norton. "Prosocial Spending and Happiness: Using Money to Benefit Others Pays Off." *Current Directions in Psychological Science* 23: 41 (2014): 41–47. DOI: 10.1177/0963721413512503.

23 "Currents of Change: The KPMG Survey of Corporate Responsibility Reporting 2015." Netherlands: Haymarket Netowrk Ltd., November 2015.

24 Dailey, Whitney. "Global Consumers Willing to Make Personal Sacrifices to Address Social Environmental Issues." *Cone Communications.* 27 May 2015. <http://www.conecomm.com/news-blog/2015-cone-ebiquity-csr-study-press-release>

25 Aknin, Lara B., Elizabeth W. Dunn, and Michael I. Norton. "Happiness Runs in a Circular Motion: Evidence for a Positive Feedback Loop between Prosocial Spending and Happiness." *Journal of Happiness Studies* 13 (24 April 2011): 347–55.

26 "The GoodGuide Delivered to Your Phone." *GoodGuide Home Page.* Accessed 20 August 2016. <http://www.goodguide.com/about/mobile>

27 *Better Business Bureau Home Page.* Accessed 20 May 2016. <http://www.bbb.org>

28 "The 2015 U.S. CSR RepTrak: CSR Reputation Leaders in the

US." *Reputation Institute*. 1 September 2015. <https://www.reputationinstitute.com/CMSPages/GetAzureFile.aspx?path=~%5Cmedia%5Cmedia%5Cdocuments%5C2015-us-csr-reptrak-report.pdf&hash=da63dd6acee5a803dc962e9f093d17ce1f8f0f2d9823c9639274e2e7a3e2220d&ext=.pdf>

29 *B Corporations Home Page*. Accessed 10 September 2016. <http://www.bcorporation.net>

30 Rozenberg, Norman. "Tech a Driving Force in Socially Conscious Revolution." *Dell Home Page*. 30 June 2015. <http://www.techpageone.co.uk/downtime-uk-en/tech-driving-force-socially-conscious-revolution/>

31 Bryan, James H., and Mary Ann Test. "A Lady In Distress: The Flat Tire Experiment." ETS Research Bulletin Series 1966, no. 2 (1966): I–7. doi:10.1002/j.2333-8504.1966.tb00542.x.

32 Tsvetkov, Milena, and Micahel Macy. "The Science of 'Paying It Forward.'" *The New York Times Online*. 14 March 2014. <http://www.nytimes.com/2014/03/16/opinion/sunday/the-science-of-paying-it-forward.html?_r=1>

33 Dominus, Susan. "Is Giving the Secret to Getting Ahead?" *The New York Times Online*. 27 March 2013.<http://www.nytimes.com/2013/03/31/magazine/is-giving-the-secret-to-getting-ahead.html?_r=0>

34 Lin, Pei-Ying, Naomi Sparks Grewal, Christophe Morin, Walter D. Johnson, and Paul J. Zak. "Oxytocin Increases the Influence of Public Service Advertisements." *PLoS ONE* 8, no. 2 (2013). doi:10.1371/journal.pone.0056934.

35 Kramer, Adam D. I., Jamie. E. Guillory, and Jeffrey T. Hancock. "Experimental Evidence of Massive-Scale Emotional Contagion

through Social Networks." *Proceedings of the National Academy of Sciences* 111, no. 24 (2014): 8788–90. doi:10.1073/pnas.1320040111.

36 Baldwin, Rashanah. "Yes, We've Got Crime, but Portrayals of Urban Neighborhoods as Hopeless Only Worsen the Problems." *The Reporters Home Page.* 1 April 2016. <http://www.thereporters.org/letter/yes-weve-got-crime/?utm_content=28117268&utm_medium=social&utm_source=facebook#more-1126>

37 Obama, Barack. "President Obama: Why Now Is The Greatest Time to Be Alive." *WIRED,* 12 October 2016.

字彙表

1 Gilman, Hollie Russon. "The Future of Civic Technology." 20 April 2015. *Brookings.* https://www.brookings.edu/blog/techtank/2015/04/20/the-future-of-civic-technology/

2 Stone, Linda. "Continuous Partial Attention." *Linda Stone Home Page.* Accessed 24 October 2016. <https://lindastone.net/qa/continuous-partial-attention/>

3 *Digital Humanitarians Home Page.* Accessed 24 October 2016. <http://digitalhumanitarians.com>

4 Deans, Emily. "Dopamine Primer." *Psychology Today Home Page.* 13 May 2011.<https://www.psychologytoday.com/blog/evolutionary-psychiatry/201105/dopamine-primer>

5 *Urban Dictionary Home Page.* Accessed 24 October 2016. <http://mindsetonline.com/whatisit/about/>

6 http://www.urbandictionary.com/define.php?term=fomo>

7 Burke, Brian. "Gartner Redefines Gamification." 24 April 2014. *Gartner Blog.* <http://blogs.gartner.com/brian_burke/2014/04/04/gartner-redefines-gamification/>

8 Dweck, Carol. "What Is Mindset." *Mindset Online Home Page.* Accessed 24 October 2016. <http://mindsetonline.com/whatisit/about/>

9 Achor, Shawn. *The Happiness Advantage: The Seven Principles of Positive Psychology That Fuel Success and Performance at Work.* New York: Broadway Books, 2010.

10 Bradley, Steven. "Design Principles: Visual Perception and the Principles of Gestalt." *Smashing Magazine* Home Page. 28 March 2014.<https://www.smashingmagazine.com/2014/03/design-principles-visual-perception-and-the-principles-of-gestalt/>

11 Waldrop, M. Mitchell. "The Chips Are Down for Moore's Law." *Nature* 530, no. 7589 (2016): 144–47. doi:10.1038/530144a.

12 *Persuasive 2016* Home Page. Accessed 24 October 2016. <http://persuasive2016.org>

13 "Diminishing Returns | Economics | Britannica.com." Accessed 24 October 2016. <https://www.britannica.com/topic/diminishing-returns.>

14 Eisenberg, Nancy, Richard A. Fabes, and Tracy L. Spinrad. "Prosocial Development." *Handbook of Child Psychology* (2007). doi:10.1002/9780470147658.chpsy0311.

15 Wolf, Gary. "Know Thyself: Tracking Every Facet of Life, from Sleep to Mood to Pain, 24/7/365." *Wired Home Page.* 22 June 2009. <https://www.wired.com/2009/06/lbnp-knowthyself/>

16 Howard, Ian P., and Brian J. Rogers. *Binocular Vision and Stereopsis.* New York: Oxford University Press, 1995.

17 Gielan, Michelle. *Broadcasting Happiness: The Science of Igniting and Sustaining Positive Change*. Dallas, TX: BenBella Books, 2015.

財經企管 BCB644

數位幸福學

5大策略，同時擁有效率和福祉的快意人生

作者 — 艾美・布蘭克森（Amy Blankson）
譯者 — 吳書榆

事業群發行人／CEO／總編輯 — 王力行
資深行政副總編輯 — 吳佩穎
特約主編暨責任編輯 — 許玉意
封面／內頁設計 — 周家瑤

出版者 — 遠見天下文化出版股份有限公司
創辦人 — 高希均、王力行
遠見・天下文化・事業群　董事長 — 高希均
事業群發行人／CEO — 王力行
天下文化社長暨總經理 — 林天來
國際事務開發部兼版權中心總監 — 潘欣
法律顧問 — 理律法律事務所陳長文律師
著作權顧問 — 魏啟翔律師
社址 — 台北市104松江路93巷1號
讀者服務專線 — (02) 2662-0012
傳真 — (02) 2662-0007；(02) 2662-0009
電子郵件信箱 — cwpc@cwgv.com.tw
直接郵撥帳號 — 1326703-6號　遠見天下文化出版股份有限公司

電腦排版 — 李秀菊
製版廠 — 東豪印刷事業有限公司
印刷廠 — 祥峰印刷事業有限公司
裝訂廠 — 聿成裝訂股份有限公司
登記證 — 局版台業字第2517號
總經銷 — 大和書報圖書股份有限公司　電話／(02) 8990-2588
出版日期 — 2018年7月31日第一版第一次印行

定價 — NT380元
ISBN — 978-986-479-516-1
書號 — BCB644
天下文化官網 — bookzone.cwgv.com.tw

國家圖書館出版品預行編目（CIP）資料

數位幸福學：5大策略，同時擁有效率和福祉的快意人生／艾美・布蘭克森（Amy Blankson）著；吳書榆譯. -- 第一版. -- 臺北市：遠見天下文化, 2018.07
面；　公分. --（財經企管；BCB644）
譯自：The future of happiness : 5 modern strategies for balancing productivity and well-being in the digital era
ISBN 978-986-479-516-1（平裝）
1. 自我實現　2. 動機　3. 幸福
177.2　　107011205

天下文化

BELIEVE IN READING